Die Ernährung des Schulkindes

Udo Renzenbrink

W0389534

Philosophisch-Anthroposophischer
Verlag am Goetheanum
Dornach

Geisteswissenschaftliche Vorträge

1 Wolfgang Greiner: **Eleusis – Göttermythos und Einweihungsweg**

2 Athys Floride: **Die Begegnung als Aufwacherlebnis**

3 Hermann Poppelbaum: **Goethe als esoterischer Christ**

4 Peter Müller: **Das Weihnachtsfest in der Darstellung Rudolf Steiners**

5 Wolfgang Greiner: **Grals-Geheimnisse**

6 Walter Holtzapfel: **Auf dem Wege zum Hygienischen Okkultismus**

7 Peter Tradowsky: **Von der Christus-Nähe des Kindes**

Einbandgestaltung Werner Kehlert

© Copyright 1983 by Philosophisch-Anthroposophischer Verlag, Goetheanum, Dornach/Schweiz. – Alle Rechte, auch die des auszugsweisen Nachdrucks und der photomechanischen Wiedergabe, vorbehalten.

Gesamtherstellung Zobrist & Hof AG, Liestal
ISBN 3-7235-0360-8

Inhalt

Liebe Eltern,

das Interesse an den Ernährungsfragen wächst. Das gilt besonders für den Rahmen unserer Schulen. Man spürt allgemein, daß durch eine zeitgemäße Ernährung der Boden geschaffen wird für eine gesunde Entwicklung unserer Kinder, daß aber andererseits durch eine nicht zeitgemäße Ernährung oder durch eine Ernährung, die belastet ist mit chemischen Zusätzen und Fremdstoffen, dasjenige oft geradezu blockiert wird, was in unseren Kindern an guten Anlagen da ist. Diese Anlagen können sich nicht richtig entfalten. Das zeigt sich häufig in mangelhafter Konzentrationsfähigkeit, in Antriebsschwäche oder anderen Verhaltensstörungen. Ich kenne Lehrer, die haben es sich zur Gewohnheit gemacht, wenn Schulschwierigkeiten mit bestimmten Kindern auftreten, mit den Eltern und dem Schularzt ein Gespräch über Ernährungsfragen zu führen. Oft ergibt sich dann, daß die Probleme des Schulverhaltens verschwinden, wenn die Ernährung in Ordnung gebracht ist.

Erziehungskunst und Kochkunst verständigen sich miteinander

In der Rudolf Steiner-Pädagogik wird versucht, den ganzen Umkreis zu erfassen, der die Entwicklung unserer Kinder beeinflußt. Das gilt für das häusliche Milieu, aber auch für die verschiedensten Einrichtungen, die in der Schule getroffen werden. Der Lehrstoff ist von Rudolf Steiner so angegeben, wie er den organisch wachsenden Bedürfnissen der Kinder entspricht. Da herrscht keine Willkür, kein

Tasten, da richtet sich der Lehrstoff zusammen mit künstlerischen und praktischen Aktivitäten nach dem persönlichen, inneren Wachsen und Reifen der Kinder. Und stets ist sich der Lehrer des Zusammenhangs zwischen Leib, Seele und Geist bewußt.

In diesem Sinn hat Rudolf Steiner einem Kurs für Lehrer den Titel gegeben: «Die gesunde Entwicklung des Physisch-Leiblichen als Grundlage für die freie Entfaltung des Geistig-Seelischen».[1]

In Kindheit und Jugend muß die Menschenseele Besitz ergreifen von der eigenen Körperlichkeit im Zusammenhang mit der Umwelt. Alle Regungen, Gedanken, Gefühle und Willensimpulse, welche beim Lernen mitschwingen, wirken auf die gesamte Konstitution und auf die Lebenskraft bis ins Alter hinein.

Die menschliche Individualität drückt sich in der Bildung des Organismus aus. Wir erleben die persönliche Eigenart eines Menschen in den Gesichtszügen, in der Gestaltung der Hände, in der Formung der Stirn oder in Haltung und Gang. Das Ich-Wesen des Menschen verwirklicht sich während des Erdenlebens ständig durch den Leib, es muß Wohnung in ihm nehmen, sich «inkarnieren». Dabei plastiziert es die leibliche Form und Struktur, es prägt durch seine Eigenart die inneren Organe, in die es sich ständig einarbeitet. So kommt es auch zur Bildung eines für jeden Menschen ganz besonderen individuellen Organeiweißes. Alle geistig-seelischen Erlebnisse beeinflussen besonders in der Wachstumsphase die Organbildungen, das heißt: Was wir jetzt dem Kinde nahebringen und fordern durch eine ihm gemäße Erziehung, bewirkt eine gesunde Bildung der Organe. Das wird in der Pädagogik der Rudolf Steiner-Schulen angestrebt. Werden diese Ordnungen aber mißachtet, wie in vielen modernen Bildungsplänen, hört man die berechtigte Klage: Die Schule macht die Kinder krank.

Nun ist aber zur Ausbildung der Organe Substanz nötig. Diese Substanz wird durch den Ernährungsstrom geliefert. Wir können ein Bild wählen: Das Geistig-Seelische ist gleich einem Bildhauer tätig, und wie dieser den Stoff braucht, ist für das menschliche Ausplastizieren der Organe die Zufuhr der Nahrungssubstanz nötig. Aber das Beispiel vom Bildhauer reicht noch nicht aus. Der Bildhauer hat einen bestimmten Stoff – Ton oder Holz –, den er bearbeitet. Im Organismus ist es indessen keinesfalls so, daß der Stoff bleibt, sondern es zeichnet ja gerade den menschlichen Stoffwechsel aus, daß eine ungeheuer starke Regsamkeit ständig am Werk ist. Es wird da immerfort abgebaut, neu aufgebaut, Ruhe herrscht hier niemals. Ein Beispiel: Die Kalkmenge in unserem Blut, die ganz genau festgelegt ist, verschwindet im Laufe weniger Minuten vollständig und kristallisiert wieder neu im Knochen aus. Gleichzeitig wird dort Kalksubstanz gelöst und neu ins Blut eingeschleust. Ein anderes Beispiel: Wir alle haben Fettpölsterchen an uns zu unserem Freud- oder auch Leidwesen. Jedes Ihrer Fettpölsterchen ist morgen um dieselbe Zeit zu 41% verschwunden. Das könnte ja eine ideale Entfettungskur sein – ist es natürlich nicht, denn da wird wieder anderes Fett angereichert. Also auch hier ein schneller Abbau und Aufbau. Ja, das gilt sogar für die Zähne, sofern sie gesund sind. Etwa zwei- bis dreihundert Tage braucht es, bis der Zahn abgebaut und wieder neu aufgebaut ist. Ich erwähne diese Beispiele, um zu zeigen, daß ein ständiger Umbruch im Stoffwechsel da ist.

Abbildung 1

Dieses ungeheuer Lebendige, diese Dynamik, die im Stoffwechsel lebt, bedarf nun der Anregung von Seiten der Nahrung. Aber die Aktivierung muß auf die Entwicklungsstufe des Kindes Rücksicht nehmen. Wie der Pädagoge sich danach richtet, was das kindliche Wesen verlangt an Aktivitäten, so gibt es auch eine Ordnung der Nahrung, die nach den gleichen Gesichtspunkten wie die Erziehung zu gestalten ist. Man strebt durch die Pädagogik eine gesunde Organbildung an, eine gesunde Funktion der Organe. Dabei muß man seine pädagogischen Maßnahmen danach einrichten, wie weit jetzt bei dem Kind die Organe in ihrer Funktionsfähigkeit entwikkelt sind. Da ist es nun gleichfalls wichtig, in welcher Weise wir die Ernährung gestalten. Aus den gleichen geistigen Erkenntnissen, nach denen sich die Pädagogik in den Rudolf Steiner-Schulen gemäß der Entwicklungsstufe des Kindes richtet, sollte auch die Ernährung eingestimmt werden. Denn beides gehört ja zusammen. Gebe ich jetzt nicht die nötige Kraft von unten durch den Ernährungsstrom, können sich die Maßnahmen der Erziehung in der Organbildung und in der Funktion der Organe nicht richtig auswirken.

Ob der Erzieher die rechten Maßnahmen trifft, erlebt er oft daran, wie die Kinder engagiert sind beim Unterricht, welche Freude ihm entgegentritt beim Erleben dessen, was er im Augenblick vor ihnen ausbreitet. Wie ist das jetzt beim Essen? Sind die Kinder da auch so freudig gestimmt, wenn ihnen ein Essen gereicht wird, das aus den gleichen geistigen Gesichtspunkten entwickelt ist wie der Lehrstoff? Leider nicht immer. Aber auch der Lehrer wird ja bisweilen vor der Situation stehen, daß die Kinder nicht so begeistert sind von dem, was er da unterrichtet. Das kommt doch wohl auch einmal vor. Was wird er ganz gewiß nicht tun? Er wird jetzt nicht aus der Rudolf Steiner-Pädagogik aussteigen und zur Methodik der Staatsschulen übergehen. Genauso wenig sollte man das auf dem Felde der Ernährung tun und fordern: Zurück zur konservativen bürgerlichen Kost! Man läßt wegen dieser Schwierigkeiten nicht nach. Wie der Lehrer den Wissensstoff nun vielleicht so gestaltet, daß der Schüler ihn besser annehmen kann, so versucht man, eine vollwertige Ernährung, die jetzt der Altersstufe entspricht, so zuzubereiten, so zu würzen, daß die Kinder sie vielleicht doch bejahen.

Davon hätte auch der Lehrer Vorteile. Denn die Kinder können in der Schulstunde oft deshalb nicht so recht mitgehen, weil vielleicht ihr Gehirn nicht richtig versorgt ist von Seiten der Ernährung oder weil der Bauch vielleicht überlastet ist durch eine Kost, die der kindlichen Verdauung gar nicht entspricht. Dann sind die Kinder müde, dumpf, und der Lehrer kommt vielleicht aus diesem Grunde gar nicht recht zum zuge. Er erlebt wenig Antrieb beim Unterricht, obgleich er vom Pädagogischen her alles in rechter Weise getan hat. Und so sollten sich doch vielleicht Erziehungskunst und Kochkunst miteinander verständigen.

Nun ist die Kochkunst leider ein Stiefkind. Selbstverständlich wird man nicht so anmaßend sein, ihr das gleiche Gewicht zu geben wie der pädagogischen Kunst. Aber irgendwie sollte man sie doch nicht ganz verdrängen in so ein Aschenputteldasein. Ich finde es sehr erfreulich, wenn beispielsweise in einer Schule solche Impulse verwirklicht werden, daß eine Anzahl von Müttern das Schulessen kocht. Ich glaube, da sind Möglichkeiten vorhanden, ein Modell auszuarbeiten, das von anderen Schulen aufgegriffen werden kann.

Nahrungsqualität durch biologisch-dynamischen Anbau und sinnvolle Weiterverarbeitung

Wenden wir uns nun dem Ernährungsstrom zu. Er hat, wie wir sehen, die Aufgabe, im Organismus Funktionen anzuregen und Bildeprozesse zu aktivieren. Wie muß die Nahrung beschaffen sein, um dem entsprechen zu können?

Die Nahrungsmittel müssen in ihrem Lebensgefüge, in ihrer Lebensdynamik gesund sein. Das ist zunächst eine Frage des Anbaus. Die Bedeutung der biologisch-dynamischen Wirtschaftsweise und ihre Bedeutung für die Umwelt, für das heute so ungeheuer wichtige Leben der Erde ist bekannt, ebenso die Verantwortung des Menschen für die Erde. Eine Nahrung, die von biologisch-dynamisch gepflegten Böden stammt, entspricht einer höheren, naturgemäßen Ordnung. Der Organismus des Kindes ist ja eingestimmt auf eine solche Ordnung und erwartet sie genau wie im Unterrichtsstoff. Durch eine chemisch-mineralische Düngung fallen die Nahrungsmittel aus diesen Gesetzmäßigkeiten heraus, umso mehr, wenn ihnen noch sogenannte Fremdstoffe zugesetzt werden wie Schimmelverhütungsmittel, Konservierungsmittel, Verschönerungsmittel und so fort. Diese Mittel sind nicht nur deshalb so gravierend, weil sie in der toxikologischen Gesamtsituation Krebs erzeugen können, sondern auch deshalb, weil sie das lebendige Gleichgewicht der Organbildung und der Funktion der Organe stören. Man sollte den Grundsatz aufstellen: Die Nahrung muß von gesundem Boden stammen und weiter so bearbeitet sein, daß sie nichts von ihrer Lebensqualität einbüßt, das heißt nicht denaturiert wird. Schlimm steht es da heute mit dem Brot, dem Urbild unserer Nahrung. Chemische Backhilfsmittel sind in den Bäckereibetrieben gang und gäbe. Wir sollten uns um ein gesundes Brot für unsere Kinder ernsthaft bemühen.

Die dreigliedrige Pflanze und der dreigegliederte Mensch

Nun soll näher unterschieden werden zwischen den mannigfachen Eigenarten des Substanzstroms der Ernährung. Wir wollen zunächst die einzelnen Organbereiche der Pflanze beobachten und fragen, ob eine Beziehung zu den Organsystemen des Menschen besteht. Bei der Pflanze finden wir Blüte und Frucht, Blatt und Stengel und Wurzel. In jedem dieser drei Bereiche entfaltet die Pflanze ein bestimmtes Kräftewirken. Das ergibt die einfache Anschauung. Wir haben ein ganz anderes Erleben, wenn wir uns in die Eigenart der Wurzel vertiefen, wenn wir die Wurzel gewissermaßen seelisch beobachten oder wenn wir uns mit dem Blatt- und Stengelbereich innerlich verbinden oder schließlich mit Blüte und Frucht. Im Sinne einer solchen Ganzheitsbetrachtung sprechen wir von der dreigliedrigen Pflanze. Die heutige Ernährungswissenschaft geht von den Stoffen aus; sie findet in der Pflanze Mineralien, Enzyme, Spurenelemente, Eiweiße, Fette, Kohlenhydrate mit Hilfe chemischer Analysen. Ihr geht es um diese analytischen Daten. In der Wissenschaft vom Lebendigen sind wir bestrebt, die organische Ganzheit der Pflanzen zu erleben und mit ihr die Bildekräfte, die die einzelnen Stoffe erst zusammenfügen zur Ordnung des Lebendigen.

Welche Beziehung haben nun diese drei Bereiche zum Menschen? Sind da unterschiedliche spezifische Wirkungen? Wirkt eine Wurzel anders auf den menschlichen Organismus als Blatt, Stengel, Blüte und Frucht? Wir können drei der Pflanze entsprechende Form- und Funktionszusammenhänge auch im Menschen entdecken. Dabei unterscheiden wir: den Kopfbereich mit dem Nerven-Sinnessystem, den rhythmischen Teil mit Atmung und Kreislauf sowie den Stoffwechsel-Gliedmaßenmenschen. Am einfachsten ist die Beziehung herzustellen von Blatt und Stengel zu dem entsprechenden Bereich des Menschen. Schon in der äußeren Form zeigt sich das Blattwerk der Pflanze – Knoten auf Knoten in rhythmischer Wiederholung getürmt – als Mittelglied der pflanzlichen Ganzheit, als ihr rhythmisches System. Ihm entspricht das mittlere rhythmische System im Menschen mit Atmung und Herzschlag. Rhythmisch aufeinanderfolgende Rippenbögen bilden die anatomische äußere Stütze. Die Pflanze atmet im Blatt und gibt sich ganz der rhythmischen Folge von Tag und Nacht hin. Im Blatt und Stengel fließt durch ein feines Adernetz der Wasserstrom. Bei der Atmung nimmt die Pflanze den Kohlenstoff auf, aus dem sie das Kohlenhydrat bereitet, und gibt Sauerstoff ab. Der grüne Pflanzensaft ist etwas Typisches für diesen Bereich.

Wie ist das beim Menschen? Hier haben wir statt des grünen Pflanzensaftes das rote Blut, das durch die Adern im Herzrhythmus strömt. Es nimmt atmend den Sauerstoff durch die Luft in den Lungen auf. Und doch sind bei aller Parallelität Gegensätzlichkeiten, Polaritäten zu beobachten: Das menschliche Blut ist rot, die Blutkör-

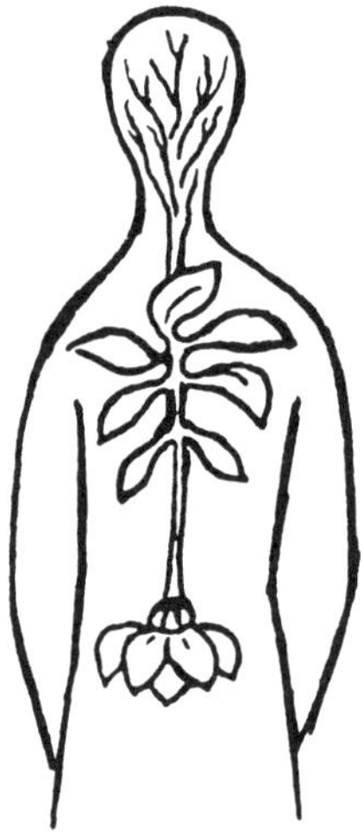

Abbildung 2
Die Wirksamkeiten
der pflanzlichen Bildekräfte
im Menschen

perchen haben in der Mitte einen Eisenkern, um den sich bestimmte chemische Elemente gruppieren.

Bei der Pflanze haben wir dieselbe Gruppierung, aber statt des Eisenkerns einen Magnesiumkern. Darum ist der Pflanzensaft grün. Die Pflanze atmet Kohlenstoff ein und gibt Sauerstoff ab. Der Mensch atmet Sauerstoff ein und gibt Kohlenstoff ab. Da haben wir also die entsprechende Parallele, aber auch Polarität.

Aus diesen Beziehungen leitet sich nun das erste Grundgesetz der pflanzlichen Ernährung ab. Durch Ernährung aus dem Blatt und Stengelbereich wird das rhythmische System des Menschen – Herz und Lungen – in ganz besonderer Weise aufgebaut und in seiner Funktion angeregt. Wollen wir also den mittleren Bereich unserer Kinder durch die Ernährung stützen und beleben, dann wählen wir Pflanzen, an denen der Blattbereich besonders ausgebildet ist: Salat, Kohlgewächse. War vorher noch ganz allgemein die Rede vom Substanzstrom und war auch die Organbildung noch ganz allgemein gefaßt, so haben wir jetzt doch schon etwas Spezifisches: Die Organe Herz und Lungen werden ernährt von den Pflanzenteilen Blatt und Stengel.

Wie verhält es sich nun mit der Wurzel? Wenn Sie eine Wurzel erleben, erleben sie etwas Festes. Die Wurzel tastet sich in der Erde vor. Sie ist fast wie ein Sinnesorgan dabei tätig. Sie sucht die Bereiche auf, wo sie das Mineralische findet. Unter den Mineralien wählt sie aus, was sie braucht. Die aufgenommenen Salze bewirken einen Mineralisierungsvorgang durch die ganze Pflanze. Die Wurzel ist etwas sehr Vitales. Wenn auch im Winter die Pflanze oben verwelkt, die Wurzel überdauert. Es läßt sich von der Wurzel schon mal ein Stück abschneiden, sie regeneriert sich. In ihrem Wachstum richtet sie sich aber ganz auf die Schwere ein. Sie ist irgendwie zum Erdmittelpunkt gerichtet.

Wo finden wir aber jetzt das entsprechende Organsystem im Menschen, das Beziehung zur Wurzel hat? Wenn Sie an deren «Sinnestätigkeit» denken, dann leitet diese Auffassung zum Kopfsystem. Es gibt da gewisse Parallelen. Das Haupt ist der am stärksten verhärtete, mineralisierte Teil unseres Körpers – es entspricht damit der Wurzel. Vom Haupt gehen die Form- und Verhärtungskräfte aus. Im Kopf ist die Sinnestätigkeit konzentriert. Wir werden damit an das Vermögen der Wurzel erinnert, die Bodenbeschaffenheit wahrzunehmen und unter den Mineralien auszuwählen. Aber wieder finden sich wie beim rhythmischen Bereich Polaritäten. Unser Kopf ist aus den Schwerekräften herausgehoben, die Wurzel gliedert sich in sie ein. Der Mensch trägt sein Haupt frei nach oben, sein Gehirn schwimmt in einer Flüssigkeit. Dadurch ist der Mensch in der Lage, die Welt in Freiheit geistig zu begreifen. Aber er muß dafür im Haupt auf eine Durchdringung mit Vitalität verzichten. Die Nerven sind sehr zarte Organe mit geringer Regenerationsfähigkeit. Sie erneuern sich nach Verletzungen nicht. Also wieder eine Polarität zur Pflanzenwurzel und auch eine Entsprechung. Wir dürfen daraus den Schluß für die Ernährung ziehen: Will ich die Kopfkräfte ernähren und den Aufbau der Organe in dieser Region anregen, dann lege ich besonderen Wert auf eine Nahrung aus dem Wurzelbereich.

In Blüte, Frucht und Samen erleben wir andere Bildeprinzipien der Pflanze. Die grüne Farbe des Blattes wird hier zur Vielfarbigkeit gesteigert; aber damit ist die Fähigkeit der Assimilation aufgegeben.

Und während sich das grüne Blattwerk spiralig um den Stengel in rhythmischer Folge gruppiert, sind die farbigen Blütenblätter zu vielgestaltigen Gebilden aneinandergefügt. Hierbei wird ein Innenraum gebildet, der bei der Blüte noch fast leer bleibt und nur die zarten Reproduktionsorgane enthält. Bei der Frucht ist dann die sphärische Bildung von nährender Stofflichkeit erfüllt. Das alles gestaltet sich polar zum feuchtkühlen Wurzelbereich in der Wärme der Sonne.

Wenn wir nun auf den Menschen schauen, drängt sich uns die funktionelle Entsprechung von Blüte und Frucht mit den Fortpflanzungsorganen im Unterleib auf. Aber mehr noch: Im menschlichen Stoffwechsel dominieren gegenüber dem Haupt die Wärmeprozesse, so auch in Blüte und Frucht. Und die Substanzbildung in der Frucht mit Verwandlung der Stärke in Zucker und der Einfügung von Aromastoffen erinnert uns ebenfalls an menschliche Stoffwechselprozesse. Jedoch besteht ein wesentlicher Unterschied. Beim Menschen haben wir für die differenzierte Stoffwechseltätigkeit eine innere Organwelt ausgebildet, Magen, Leber, Milz, Galle, Pankreas, Nieren. Bei der Pflanze ist es gewissermaßen so, daß diese Organe im Kosmos sind und das, was bei der Pflanze dann an Reproduktion und an verschiedenen Stoffumwandlungen geschieht, durch die Sonne und den ganzen Sternenhimmel gelenkt ist. – Wiederum dürfen wir aus den sich entsprechenden Polaritäten den Schluß ziehen und sagen: Blütenhaftes, Früchte und Samen wirken auf die Organe des menschlichen Stoffwechsels.

Mit Hilfe dieser einfachen Wechselbeziehung zwischen Pflanze und Mensch läßt sich die Ernährung einteilen und auf Vollwertigkeit prüfen. Eine Mahlzeit ist dann vollständig, wenn sie von diesen drei Teilen der Pflanze etwas enthält. Das ist ein Grundgesetz. Wir sollten stets fragen: Ist in dem Menü das Wurzelelement vertreten, das Blattelement, die Frucht? Denn wir wollen ja alle drei Teile des Menschen ansprechen. Das Kind muß ernährt werden in seinem Haupt, in seinen Brustorganen und muß ernährt werden im Stoffwechsel-Gliedmaßen-System.

Das Getreide – ein menschengemäßes Nahrungsmittel

In diesem Zusammenhang verdient das Getreide besondere Beachtung. Im Getreidekorn sind nämlich alle drei Glieder, Frucht, Wurzel und Blatt, enthalten. Damit können wir mit ihm den ganzen Menschen ernähren, den Kopf, die Brust und den Leib und die Glieder. Das soll kurz erklärt werden.

Verfolgen wir einmal die Entwicklung einer Roggenpflanze durch das Jahr. Der Roggen wird im September gesät. Bemerkenswert ist, daß er in der ersten Zeit des Keimens sich rötet. Das bleibt nicht, bald geht es wieder ins Grünen zurück. Aber es ist irgendwie ein Erlebnis, über ein frisch keimendes Roggenfeld zu schauen, wenn die Abendsonne darüber leuchtet. Es ist, als wenn das ganze Feld brennt. Zum Winter ist dann Wachstumsruhe über der Erde. Aber unten im Boden, im Wurzelbereich, da finden wir ein intensives Kräftewirken. Während oben klirrender Frost herrscht, ist es im Boden verhältnismäßig warm. Hier sind Mikroorganismen lebhaft am Werk. Mit ihrer Hilfe setzt sich die Getreidepflanze mit dem Mineralreich auseinander. Die Wurzel nimmt die Mineralien aus dem Boden auf und gliedert sie in ihr System ein. Das ist die erste Phase des Wachstums. Es gilt jetzt das Gesetz, daß alles, was in den einzelnen Phasen der Entwicklung der Getreidepflanze geleistet wird, sich im Korn wiederfindet. Wir haben also im Korn eine intensive Mineralisierung, alle Mineralien, die in diesen ersten Wochen aufgenommen worden sind, finden wir im Korn wieder. Und zwar in einer Menge, in einem Verhältnis zueinander, in einer Komposition, die dem Bedürfnis des Menschen entspricht. Der Mensch kann seinen Mineralbedarf mit dem Getreide decken. Werner Kollath konnte deshalb einem Buch den Titel geben: «Getreide und Mensch – eine Lebensgemeinschaft»[2]. Was der menschliche Organismus an Mineralien braucht, an Wurzelkräften, findet er im Getreidekorn als Folge der ersten Phase der Entwicklung. Das gilt nicht nur für den Roggen, sondern auch für die anderen Getreidearten. Immer haben wir zuerst den Impuls, sich mit dem Mineralreich zu verbinden, Mineralien aufzunehmen. Wenn das Getreide reift, bildet sich die vorher oft über einen Meter lange Wurzel zurück. Einen reifen Getreidehalm kann man kinderleicht aus dem Boden zupfen.

Nun kommt der zweite Akt der Lebensentwicklung, das Sprießen und Sprossen. Mit ungeheurer Kraft drängt die Pflanze nach oben, dem Licht zu. Aus einem Korn können bis zu zwanzig Halme emporstoßen. Man nennt das die Bestockung. Ich habe kürzlich einen biologisch-dynamisch angebauten Weizen gesehen, da sproßten fünfundzwanzig Halme aus einem Korn. In dieser zweiten Phase der Blattbildung und des intensiven Grünens vollzieht die Pflanze die Bildung von Kohlenhydraten, Eiweiß und Fett. Da setzt ein intensiver Stoffwechsel ein.

Eine Substanz soll noch hervorgehoben werden, da sie in starkem Maße die Gestalt der Getreidepflanze prägt. Das ist der Kiesel. Asche und Stroh des Getreides bestehen zu 61% aus Kiesel. Aus der biologisch-dynamischen Arbeit wissen wir, daß der Kiesel derjenige unter den Erdenstoffen ist, der am stärksten die kosmischen Kräfte von Licht, Wärme und Aufrichte in sich aufnimmt. Mit seiner Hilfe wird das Getreide zu einem wahren Lichtträger. Und wieder treffen wir auf den gleichen Vorgang wie in der Wurzel. Alles, was in der zweiten Phase, im Blattbereich geleistet ist, findet sich wieder im Korn. Und wenn dort Mehl, Fett und Eiweiß angereichert ist, welkt die Getreidepflanze. Der Goldglanz über einem Getreidefeld ist ein Zeichen des Sterbens. Alles Leben ist nun im Korn konzentriert.

Wir unterscheiden vier Reifegrade: die Milchreife, Gelbreife, Vollreife und Totreife. In der Milchreife ist das Korn noch weich, der Inhalt milchartig. Die Gelbreife bringt die Mineralisierung, die Pflanze beginnt zu welken. In der Vollreife wird das Getreide meist geerntet. Früher wurde es dann in Garben aufgestellt, durch die der Wind strich und das Korn in den Ähren weiter ausreifte.

Betrachten wir nun das Getreidekorn in Vergrößerung.[3]

Da sehen wir die Randschichten, und zwar sieben an der Zahl. Sie enthalten Eiweiße, Mineralien, Vitamine. Wertvolle Substanzen sind hier in den Randschichten enthalten. Es ist tiefbedauerlich, daß sie durch die üblichen Müllereiverfahren abgeschält werden. Die Ver-

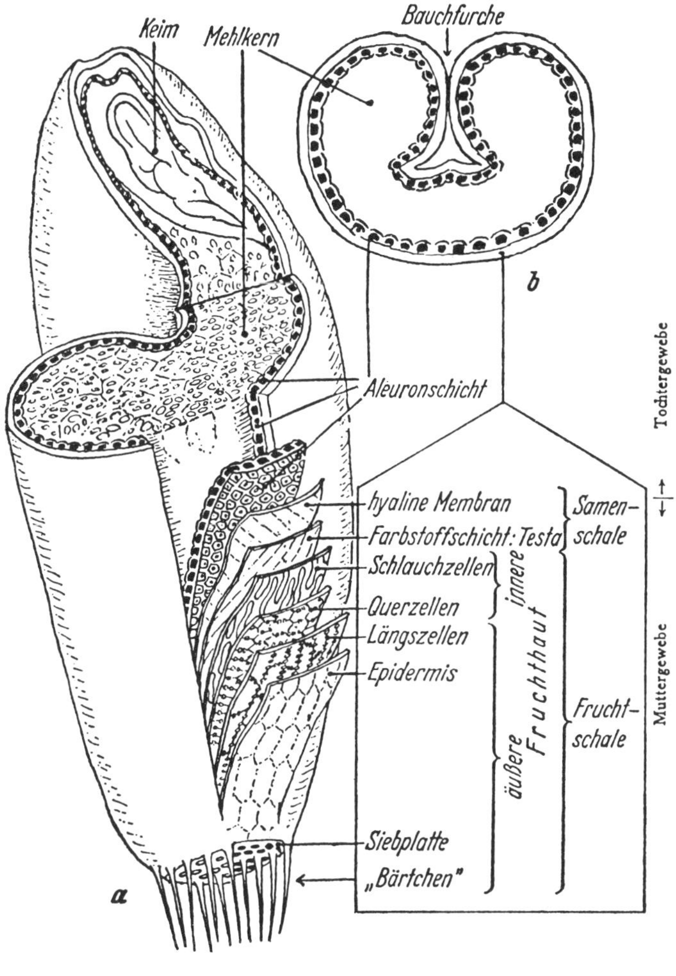

Abb. 3 Schematischer Bau des Weizenkorns

antwortung trägt der Verbraucher, der das helle Mehl verlangt. In der Mitte des Bildes haben wir den Mehlkörper und oben dann den Fruchtteil. Sie sehen eine Dreigliederung des Kornes. Alles ist für die Ernährung des Menschen von Bedeutung. Wir können sagen, die Kraft von Wurzel, Blatt und Frucht, die ganze Dreigliedrigkeit der Pflanze ist im Korn enthalten, und zwar in einem Verhältnis, das den ganzen Menschen nähren kann. Deshalb ist das Getreide auch seit uralter Zeit das Grundnahrungsmittel der Menschen.

Die sieben Getreidearten

Wenden wir uns nun den einzelnen Getreidearten zu. Es sind sieben an der Zahl: Weizen, Gerste, Roggen, Hafer, Hirse, Reis und Mais. Dinkel ist eine Weizenart, Grünkern ein in der Milchreife geernteter und gedarrter Dinkel. Buchweizen gehört nicht zur Familie, sondern ist ein Knöterichgewächs. Die Getreidearten wirken unterschiedlich auf den menschlichen Organismus. Jede kann besondere Schwerpunkte setzen. Dadurch haben wir Gelegenheit, die einzelnen Entwicklungsphasen der Kinder, verschiedene konstitutionelle Typen und Temperamentsanlagen zu berücksichtigen. Beim *Weizen* achten wir stets auf Demeterqualität. Denn es werden üblicherweise Sorten gezüchtet, die mit Rekordernten auf chemischen Dünger ansprechen. Auch ist das blütenweiße, aber wertlose weiße Mehl, das aus Weizen gewonnen wird, noch immer für viele Zeitgenossen verführerisch. Indessen ist auch das frisch geschrotete volle Weizenkorn, zu vielfältigen Gerichten verarbeitet, leicht verträglich. Und viele Kinder wissen das Grahambrötchen zu schätzen. Der Weizen harmonisiert, er bevorzugt kein besonderes Organsystem.

Die *Gerste* war das Getreide der Griechen. Auf Attika wurde fast ausschließlich Gerste angebaut. Sie war der Göttin Demeter geweiht. Der griechische Dichter Homer erwähnt in seiner Ilias von allen Getreiden nur die Gerste mit Namen. Er spricht bei der Schilderung der Weiheopfer von der heiligen Gerste. Darüber hinaus preist er sie als das Mark der Männer. Entsprechend wurden später im alten Rom die Gladiatoren mit Gerste ernährt. Man verlangte von ihnen kraftvollen, kämpferischen Einsatz. So erhielten sie den Namen: die Gerstenesser.

Nun hatten die Griechen aber die hohe kulturelle Aufgabe, das abendländische Denken zu entwickeln. Das geschah in den berühmten Philosophenschulen. Ich brauche nur an Namen zu erinnern wie Pythagoras, Sokrates, Platon, Aristoteles. Sie ernährten sich vorwiegend von Gerste. Wie ist deren anregende Wirkung auf die Kopfprozesse zu erklären? Durch einen intensiven Zuckerprozeß – den man sich übrigens bei der Bierbrauerei zunutze macht – in Verbindung mit Mineral-, insbesondere Kieselprozessen. Hinzu kommt ein hoher Gehalt an dem Nerven-Vitamin B1. Auch die Muskulatur bedarf zu ihrer Tätigkeit dieser Komponenten. Daher die kräftigende Wirkung der Gerste. In jahrelangen Versuchen konnten diese Wirkungen immer wieder bestätigt werden. Ein Jammer, daß die Gerste vorwiegend als Viehfutter und in den Bierbrauereien gebraucht wird, der menschliche Verzehr dagegen verschwindend gering ist.

Der *Roggen* kräftigt den Menschen so sehr wie kaum ein anderes Nahrungsmittel. Wer in alten Zeiten schwer arbeiten mußte, aß morgens seinen «schwarzen Brei» – der bestand aus Roggen. Dieses Getreide wurde von der frühen Bevölkerung unserer Landstriche, den Kelten, bevorzugt angebaut, aber auch in den Gebieten des östlichen Europa trat der Weizen ihm gegenüber zurück.

Der heutige Mensch, der sich körperlich wenig ausarbeitet, wendet sich mehr und mehr vom Roggen ab. Sehr zu Unrecht. Denn auch er braucht eine solide physische Basis, vor allem aber Formkräfte in Muskulatur, Bindegewebe, Gelenken und Wirbelsäule. Er braucht in umfassendem Sinn «Rückgrat». Und gerade die Durchformung dieser Organe wird durch Ernährung mit Roggen angeregt. Ferner ist zu bedenken, daß der Roggen durch seinen hohen Kaliumgehalt die Leber stützt, jenes Haupt-Stoffwechsel-Organ, das in unserer Zeit so arg strapaziert wird. – Wenn der Roggen allerdings nicht von bester biologisch-dynamischer Qualität ist und nicht sorgsam zubereitet und gewürzt wird, ist er für den heutigen Menschen zu schwer verdaulich.

Das gilt auch für das Brotbacken, bei dem eine natürliche Sauerteigführung statt Kunstsauer anzuwenden ist.

Der *Hafer* wird im kühlen, feuchten Seeklima der nördlichen Breiten angebaut. Er war seit altersher das Getreide der Germanen. Ihn zeichnet aus, daß er in diesem Klima eine Wesensart entwickelt, die ihn geeignet macht, im Sinne des cholerischen Temperamentes zu wirken. Man sagt ja auch: «Den sticht der Hafer». Die Völkerschaften, die sich von Hafer ernährten, waren unternehmungslustig, mutig, streitbar und weitschweifend. Es empfiehlt sich daher, den Hafer bei Kindern mit Antriebslosigkeit und Willensschwäche zu bevorzugen. Bei ausgesprochenen Cholerikern halten wir dagegen mit ihm zurück. – Der Hafer enthält ein wertvolles Eiweiß. Wir empfehlen ihn daher als Aufbaunahrung. Zu erwähnen ist schließlich seine gute Verträglichkeit und heilende Wirkung beim Diabetiker.

Das Wesen der *Hirse* ist bestimmt durch den Kiesel und die Wärme. Es lebt ein blütiges Element in ihr. Der Anblick der lockeren Ährenrispe verrät es. Die Erfahrung lehrt: Nicht nur der Wellensittich bekommt ein schönes, glänzendes Federkleid, wenn wir ihn mit Hirse füttern, auch die menschliche Haut mit ihren Anhangsgebilden, den Haaren und Nägeln, wird durch Hirsenahrung in ihrer Funktion gekräftigt und in ihrem Aussehen verschönt. Eine weitere Wirkung der Kost mit Hirse: Sie durchwärmt, aber nicht so, daß man gleich zu schwitzen beginnt, das Zellgewebe wird vielmehr im Innern von Wärme durchflutet. Das fördert die Entwicklung der Kinder und wirkt einer Erstarrung entgegen. Auch wird den bedrohlichen Zivilisationskrankheiten wie Arteriosklerose, Rheuma und Krebs heilsam begegnet. – Im Kampf gegen die Zahnkaries wird viel von Fluor geredet. Die Hirse enthält eine starke Fluorwirksamkeit. – Die Hirse hat eine Beziehung zum sanguinischen Temperament. Kinder sind ja vorwiegend Sanguiniker. Sie sind wach in den Sinnen und nach außen gerichtet. Dabei werden sie in diesen Funktionen durch eine Nahrung mit Hirse gestützt. Wir brauchen keine Angst zu haben, daß sie durch Hirse zu stark «herausgelupft» werden.

Der *Reis* ist dem Element des Wassers und der Fruchtbarkeit verwandt. Er gehört zu den nahrhaftesten, leicht bekömmlichen

Getreiden des Ostens. Das drückt sich darin aus, daß der Mehlkörper ganz von Eiweiß durchwirkt ist. Die Asiaten kommen bei Hungersnöten mit weinigen Handvoll Reis in der Woche aus. Doch ist der Reis verhältnismäßig schwach in der Erde verwurzelt und regt dadurch im Menschen weniger als andere Getreide die Kopfkräfte an. – Der Reis ist dem phlegmatischen Temperament zuzuordnen, bedarf daher als Ausgleich eines feurigen Gewürzes. – Durch die Verwandtschaft zum wäßrigen Element hat der Reis eine große Bedeutung in der Ernährung: Er regt den Flüssigkeitsstrom und damit die Ausscheidung an. Das ist für den gesamten Stoffwechsel und den Aufbau der Organe von Wert.

Der *Mais* ist das Getreide des Westens, der Indianer. Er demonstriert Erdverbundenheit durch seine massige Gestalt. Die schweren Fruchtstände, die Kolben, sind nicht wie bei den anderen Getreiden zu Ähren gefügt, die sich dem Licht zuwenden, sie sind unter den Blättern versteckt. Erdenschwere aber führt in die Melancholie. In diesem Sinn sind die Indianer, die Maisesser, eine «saturnische», in ihrer Grundstruktur melancholische Rasse.

Gewürze und Getreide

Wenn wir den Werdegang des Getreides verfolgen von der Wurzel bis zum Korn, dann stellen wir fest, daß das Getreide etwas schlecht kann: Es bildet keine farbenfrohen Blüten, die Insekten anlockten. Es ist gleich die Frucht da. Das Element des farbigen Blühens fehlt dem Getreide. Aber der Mensch kann bei der Bereitung des Getreides das Blütenelement ja zusetzen. Womit? Mit dem Gewürzkraut. Das Gewürzkraut blüht im Blatt, blüht vielleicht auch in der Wurzel, je nachdem. Also wir brauchen zum Getreide das Würzen.

Das Getreide ist ja auch verhältnismäßig arm an Eigenaroma. Nur wenn man es mit liebevollem Interesse kostet und so richtig nachschmeckt, dann entdeckt man den Eigengeschmack zum Beispiel der Gerste oder das typische Aroma des Roggens. Aber das kommt doch besser zur Geltung, wenn man die entsprechenden Gewürze dazu wählt. Dadurch wird das Kochen erst zur Kunst. Wenn wir daher von Kochkunst sprechen, müssen wir eigentlich sagen: die Kunst des Würzens. Diese kann man gerade beim Getreide gut lernen. Doch die Geschmacksrichtungen sind individuell verschieden. Jeder hat seinen Geschmack, vielleicht auch jeder sein Gewürz. Wir haben in unserem Rezeptheft (siehe Literaturhinweise) zusammengestellt, welche Gewürze zu welchem Getreide passen, so der Thymian zum Hafer. Das sollen aber nur Denkanstöße sein. Sie müssen nachher ganz frei damit umgehen.

Spezielle Fragen der Ernährung des Schulkindes

Wenden wir uns nun speziellen Fragen der Ernährung des Schulkindes zu. Dabei wollen wir von den schon beschriebenen drei Bereichen ausgehen:

dem Gehirn und Nervensystem,
dem rhythmischen System mit Herz und Lungen,
dem Stoffwechselbereich im Bauchraum.

Der Bereich des Denkens – Gehirn und Nervensystem

Auf Gehirn und Nervenfunktion stützen sich Denken und Konzentrationsfähigkeit. Wie schwer haben es viele Schulkinder, sich zu konzentrieren. Die Gedanken schweifen von einem Eindruck zum anderen. Können wir hierbei von der Ernährungsseite helfen?

Nähern wir uns der Problematik von verschiedenen Seiten. Die Gehirntätigkeit gründet sich auf einen Zuckerstoffwechsel. Das Gehirn ist wegen des Zuckers sehr bedürftig eines ständigen Blutstromes. Der Zucker kann aber nur verwertet werden, wenn das Vitamin B1 in der Nahrung genug vertreten ist. Sonst stagniert der Gehirnstoffwechsel. Die Folge sind mangelhafte Konzentrationsfähigkeit und Antriebsschwäche. – Eine bittere Zahl: 70% aller Schulkinder haben einen Mangel an Vitamin B1. Der Mangel wird noch gravierender durch den Genuß von raffiniertem Zucker. Denn dieser ist ein Vitamin-B-Räuber. Er reißt dieses Vitamin an sich.

Welches ist ein verläßlicher, ständiger Lieferant von Vitamin B1?

Das Vollgetreide mit den Randschichten. Man hat das auch in den Kreisen der Schulwissenschaft konstatiert, es aber aufgegeben, die Bevölkerung zum Genuß von Vollkorn anzuregen. Darum hält man Ausschau nach anderen Nahrungsmitteln, die reich an Vitamin B1 sind. So ist man auf das Schweinefleisch gestoßen. In einer namhaften Ernährungszeitschrift meldet sich die Tiefkühl-Schweinefleisch-Industrie zu Wort und empfiehlt ihre Produkte. Prof. Hans Glatzel, ein namhafter Ernährungswissenschaftler, schreibt, daß die Menschheit zum Vollkornbrot nicht mehr zu bringen sei. Das hätte auch seine Berechtigung, da es dem modernen Menschen zu schwer im Magen liege und man wegen des markanten Geschmacks den Belag zu wenig schmecke. Aber man könne sich ja im Hinblick auf den Vitamin-Mangel so helfen, daß man auf Weißbrot etwas darauftue, das Vitamin B1 enthält. Dann ist die Sache in Ordnung. Also eßt Schweinefleisch, tiefgekühlt am besten!

Diese Tendenz lebt auf in einem Bericht über die Ernährungsgewohnheiten der Bevölkerung der Bundesrepublik Deutschland, der alle vier Jahre erscheint. Er wird von bestimmten Fachleuten geschrieben. Wenn man in dem Bericht etwas weiterblättert, sieht man einen anderen Fachmann zu Wort kommen, der sich auf Rheuma spezialisiert hat. Der warnt natürlich vor dem reichlichen Fleischgenuß. Der mache ja Rheuma. Rheuma, die Volksseuche.

Beleuchten wir nun das Problem der Ernährung des Gehirns von einer anderen Seite und fragen wir: Was geschieht im Nerv bei der Gedankenbildung? – Jedermann weiß: Das Denken ist ein geistiger Vorgang. Die Gedanken werden vom Ich ergriffen, müssen dann aber durch die Vermittlung der ätherischen Bildekräfte in die physische Grundlage der Nervensubstanz eingeprägt werden. Diese Einprägung bedeutet gleichzeitig einen Substanzabbau. Es läßt sich heute mit den feinen Methoden der naturwissenschaftlichen Physiologie nachweisen, daß die Vorstellungstätigkeit mit einem Zerfall in den Nervenzellen einhergeht. Das Leben wird zurückgedrängt, es dominiert die Mineralisierung, ein «Salzprozeß».

Mit dieser Erkenntnis haben wir einen weiteren Hinweis für die Ernährung gewonnen; denn wir können nun fragen, in welchem

Pflanzenteil Salzprozesse bestimmend sind, und dadurch eine Nahrungsbeziehung ableiten. An früherer Stelle wurde schon darauf hingewiesen, daß im Wurzelbereich ein mineralisches Prinzip vorherrscht, und tatsächlich vermögen wir die Nerven-Sinnes-Tätigkeit durch eine Kost aus Wurzelgemüse zu unterstützen. Das ist einfach in die Praxis umzusetzen: Wir geben dem Kind eine Möhre mit zur Schule. Aber auch im Vollgetreide ist das Salzprinzip der Wurzelkräfte ausgeprägt.

Schließlich werden wir von Rudolf Steiner bei der Betrachtung des Nervensystems auf den Kieselprozeß gewiesen. In einem Vortrag in Arnheim 1924 heißt es: «Wenn man geistig schauen kann, was im Nerven-Sinnessystem des Menschen vorgeht», sieht man «einen wunderbar feinen Prozeß, der in der Kieselsubstanz wirkt». «Die Kieselsäure ... zeigt die Eigentümlichkeit ... aufgenommen zu werden von den Prozessen des Nerven-Sinnensystems.»[4] In diesem Zusammenhang möchte ich noch einmal auf die Gerste hinweisen. Ihre anregende Wirkung auf das Denken wurde ja bereits erwähnt.

Im Zusammenhang mit dem Kiesel sind wir auf das Licht gewiesen. Es ist mehr als eine Analogie, wenn wir von einem lichtvollen oder dunklen Seelenleben sprechen und erfreut feststellen: das leuchtet mir ein. Jacques Lusseyran beschreibt dieses innere Lichtwirken sehr eindrucksvoll in seinem Buch «Das wiedergefundene Licht».[5] Da sind fließende Übergänge vom seelischen Licht zu einem organischen Lichtstoffwechsel. Man kennt in der modernen Wissenschaft eine «energetische Komponente» des Lichtes, die hormonale Impulse auslöst und Blutbildung sowie den Eiweiß-, Fett- und Zukkerstoffwechsel anregt. Auch in der Pflanze wirkt das Licht. Mit modernen feinen Instrumenten läßt sich der Lichtgehalt der Pflanzen messen. Beim Welken strahlt die Pflanze das Licht wieder aus. Der Lichtgehalt einer Nahrungspflanze hängt vom Anbau ab. Durch mineralischen Dünger wird der Lichtgehalt der Produkte gemindert. Die Lichtqualität der Nahrung ist indessen von großer Bedeutung für die Funktion von Gehirn und Nervensystem. Die Kieselprozesse im Nerv vermitteln zwischen der somatischen und seelischen Komponente des Lichts. Freilich wird durch die Nahrung allein das Denken nicht lichtvoll. Es wird jedoch durch sie die stoffliche Grundlage geschaffen, auf der es sich leichter oder schwerer zum Lichte durchringen kann.

Der Bereich des Fühlens – Herz und Lungen

Ehe wir unsere Aufmerksamkeit auf die Region von Herz und Lungen lenken, fragen wir nach der Zuordnung der drei Seeleneigenschaften Denken, Fühlen und Wollen zu den drei Organbereichen von Haupt, Brust und Leib. Eines ist klar: Wir denken mit dem Kopf. Aber wie steht es mit dem Fühlen? Ist dieses auch dem Gehirn und Nervensystem zuzuordnen? Die Naturwissenschaft neigt dazu. Rein instinktiv kommen wir aber zu einem anderen Schluß. Wenn wir jemandem unsere Liebe beteuern, fassen wir nicht an den Kopf, sondern legen die Hand aufs Herz. Hier drückt sich das Fühlen aus. Wenn wir uns freuen, strömt das Blut lebhaft durch die Adern, bei Schreck und Angst stockt es. Das gleiche gilt für die Atmung. Eine gesunde Ausbildung der Brustorgane schafft eine gesunde Grundlage für das Empfindungsleben des Schulkindes. Im Bereich von Herz und Lungen prägen sich vor allem rhythmische Funktionsordnungen aus. Die Entwicklung dieser Organe hat im Schulalter eine besondere Bedeutung. In dieser Zeit hat das Kind stark das Bedürfnis, rhythmisch zu leben, in Pulsation und Atmung seinen individuellen Rhythmus zu finden. Dabei gilt es, nicht nur im Lungenbereich ausreichend zu atmen, jede Zelle ist an den Luftstrom angeschlossen. Erhält sie nicht genug Luftzufuhr oder ist sie nicht in der Lage, den Sauerstoff richtig aufzunehmen, dann spielt sich eine Fehlfunktion ein. Die Zellatmung stagniert, das Gewebe kriegt nicht genug Luft. Die Folgen sind mannigfaltig. Im seelischen Gebiet schleicht sich Angst und Bedrückung ein, wenn es an Luftzufuhr mangelt. Das Problem ist allgemein menschlich zu werten. Andererseits kann Fehlatmung bedingt sein durch Hetze, angespannte Bewegungen, intellektuelle Überbetonung, Gefühlsarmut, Sorgen und andere, unterbewußte Nöte und Ängste. Dies alles kann zu einer schlechten Versorgung der Gewebe mit Sauerstoff führen. Die Ursachen können aber auch im Zellgewebe selbst liegen und auf einen Mangel an Atemfermenten beruhen. Darauf hat die Ernährung einen Einfluß. Die Zelle benötigt zum Beispiel Eisen, den «Atmer» unter den Metallen. Wieder eine bedauerliche Zahl: 70% aller Kinder nehmen zu wenig Eisen zu sich, das heißt sie sind unterversorgt mit Atemfermenten. Gute Atemfermentträger sind die sogenannten Rot-Farbstoffträger, Johannisbeeren, Himbeeren, Brombeeren; die helfen dem Kinde, die Zellatmung richtig zu besorgen.

Das Herz benötigt zu seiner Funktion Magnesium. Dieses Metall hat eine Schlüsselstellung beim Bewegungsablauf des Herzmuskels. Es ist im Blattgrün vertreten. Also werden wir auch in dieser Hinsicht alles Grüne in der Nahrung zu schätzen wissen. Der allerbeste «Magnesiumlieferant» ist jedoch das Getreide.

Ferner braucht der Herz- und Lungenbereich Formkräfte. Diese Formkräfte gehen vom Haupt aus; es sind Kieselkräfte, und für ihre Aktivierung ist wiederum Getreidenahrung zu empfehlen. Ich darf hier Rudolf Steiner zitieren. In einem Vortrag vom 2. August 1924 sagte er, die Lungentuberkulose, bei der es ja an Formkräften in der Lunge fehlt, habe erst dann in Europa Platz greifen können, als das Getreide von der Kartoffel verdrängt wurde.[6] Die Kartoffel hat nicht diese Formkräfte wie das Getreide.

Zur Unterstützung der rhythmischen Funktionen tun wir gut, das Schulkind zur rhythmischen Nahrungsaufnahme anzuleiten. Auch bei der Zusammensetzung des Speiseplans ist eine gewisse rhythmische Ordnung einzuhalten. Der Rhythmus der Jahreszeiten ist im Speiseplan deutlich auszuprägen. In unserer Wohlstandsgesellschaft gibt es jedes Nahrungsmittel zu jeder Jahreszeit. Dadurch wird der Tatsache zu wenig Rechnung getragen, daß der menschliche Organismus im Rhythmus des Jahreskreislaufs mitschwingt und daher nach einer Speise verlangt, die der Jahreszeit entspricht.

Der Nahrungspflanze sind durch die Dynamik des Lebendigen rhythmische Prozesse einverwoben. Diese lösen wiederum im Menschen ähnliche Regsamkeiten aus. Je stärker der Rhythmus der

Bildekräfte in der Pflanze, desto intensiver die anregende Wirkung auf die rhythmischen Funktionsordnungen im Menschen. Wieder sind wir in diesem Zusammenhang auf die Bedeutung der biologisch-dynamischen Bodenbewirtschaftung hingewiesen.

Eine andere Möglichkeit, Herz und Lungen durch die Nahrung zu stärken, ist uns im grünen Blatt der Pflanze gegeben. Wie bereits ausgeführt, entspricht dieses Organ dem Brustbereich des Menschen.

Der Bereich des Wollens – Stoffwechsel-Gliedmaßen-System

Der Wille findet seine leibliche Grundlage im Stoffwechsel-Gliedmaßen-System. Man achte auf Gang und Bewegungen eines willensstarken Menschen. Wie anders setzt er den Fuß auf als ein Mensch ohne Antrieb. Und wenn jemand seinen Willen durchsetzen will, faßt er sich weder an Brust noch Kopf, sondern ballt die Fäuste und stampft mit dem Fuß auf.

Im Lebensgang eines heranwachsenden Menschen gibt es besondere Phasen, in denen das Willens-Element hervortritt. Das sind die Trotzphasen des kleinen Kindes und die Pubertät.

Wie bildet sich der Wille im Stoffwechselbereich? Lassen Sie mich versuchen von einem geisteswissenschaftlichen Hintergrund ausgehend eine Antwort zu finden.

Wollend ist der Mensch tief unter der Schwelle des Bewußtseins in das leibliche Geschehen eingetaucht. Dabei erlebt unser Ich-Wesen etwas an der Nahrung. Im Munde sind wir bewußt schmeckend tätig. Wenn die Speisen heruntergeschluckt sind, nimmt der Organismus auch noch gleichsam schmeckend die Nahrungsmittel wahr und reagiert dabei mit Sekretion der Verdauungsdrüsen. In allem wirkt unser Ich. Bei diesem Erleben der Speisen geht es nicht nur um die Substanzen, sondern um den Zusammenhang der Bildekräfte des Lebendigen. Da wird offenbar, was sich ereignet hat beim Werdegang der Pflanze, was sich die Pflanze eingeprägt hat durch Wind und Wetter, durch Sonne und Mond, durch Sternenstrahlung. Das alles trägt die Pflanze in ihren ätherischen Bildekräften, und das wird nun im Zuge der Verdauung herausgelöst, als ein bildhaftes Element, mit dem sich das Ich des Menschen wollend verbindet. Dieses Bild kann verzerrt sein durch widernatürliche Pflegemaßnahmen am Boden und Zusatz von Fremdstoffen, oder aber es kann übereinstimmen mit dem kosmischen Zusammenklang des Sternenwesens. Mit einem solchen Bild vereinigt sich das Ich freudig. Es ist ja Bürger zweier Welten und sucht bei der Begegnung mit der Nahrung kosmische Ordnungen. Findet es sie, dann taucht es in die leiblichen Bezüge ganz ein; es ist dann voll inkarniert, sein Wollen ist fest gegründet.

Anders bei einem verzerrten Bild: Wenn dem Ich Kränkendes entgegengetragen wird, während es Heiles sucht, ist Resignation die Folge oder Aggression gegen die Erdenwelt. Das Ich sagt sich: In einem solchen Leibe, in dem mir so etwas vorgesetzt wird, mag ich nicht mehr darin sein. Es zieht sich vom Leben ein wenig zurück; der Wille wird schwach, wie gelähmt. Oder das Ich wird aggressiv, es wehrt sich gegen das völlig verzerrte, für sein wahres Wesen gar nicht passende Element. – Es kommt eine Unruhe in das Wesen, es äußert sich vielleicht ein sehr aggressives Willenselement.

Nehmen wir jetzt einmal das Positive. Unser Ich ist im Grunde immer auf der Suche nach etwas Höherem, nach höheren Ordnungen, sinnvoller Erfüllung des Daseins. Das alles ist bei der Einrichtung des Lebens ein Sich-selbst-Verwirklichen dieses unbewußten Ichwesens, auch bei der Suche nach Nahrung. Und wenn dort durch die dem Pflanzenwesen innewohnenden Bildekräfte aus einer höheren Welt diese selbe Ordnung, die man im Geistigen sucht, erlebt wird, ist das ähnlich, wie wenn man in die Natur hinausgeht. Kann die Natur begeistern, ist sie noch heil, noch gesund, dann kann die Seele aufjauchzen. Ebenso will die Seele aufjauchzen, wenn der Nahrungsstrom kommt. Kann sie es, dann wird sie in ihrem Willenselement im Leibe gerne da sein; und so ein Wille, der setzt sich dann gerne bei einem jungen Menschen ein. Dieses Im-Leibe-sich-Gründen mit seinem Willensleben, das muß doch der junge heranwachsende Mensch erleben können. Und das ist auch ein Ernährungsproblem. Es ist ein Problem der Umwelt. Man denke nur an das heute so häufige «Aussteigen». Es wird irgendwie schon so etwas wie eine Tendenz zum Aussteigenwollen veranlagt durch eine Fehlernährung. Das trifft gerade den jungen Menschen in der Pubertät, und deshalb sehen wir gerade bei jungen Menschen dieses unbewußte Bedürfnis, sich vollwertig zu ernähren.

Beim Ringen um die Ausbildung eines freien Willens ist der heranwachsende junge Mensch auf die Zufuhr von Eisen angewiesen. Rudolf Steiner sagt dazu, daß in dem Maße, in dem das Kind zu seinem freien Willen kommt, es darauf angewiesen ist, das Eisen in sich aufzunehmen. Darum müssen wir Sorge tragen, daß die Kost ausreichend Eisen enthält. Bei der üblichen «bürgerlichen Kost» ist das keineswegs gegeben. Ausreichende Eisenaufnahme wird garantiert durch das volle Getreidekorn, Nüsse, Mandeln, Äpfel, Aprikosen, Pflaumen, Schlehen, Pfirsiche. Wertvolle Eisenspender sind ferner unter den Gemüsen Spinat, Endivie, Grünkohl, Lauch, Petersilie, Rosenkohl, Schnittlauch, Schwarzwurzel und Erbsen. Eine hervorragende Rolle spielt jedoch die Brennessel.

Im Sinne der Entsprechung Mensch – dreigliedrige Pflanze haben die Früchte einen Einfluß auf das Stoffwechselsystem. Das wurde ja bereits beschrieben. Damit sind in erster Linie auch die Körnerfrüchte gemeint. Aber sie müssen an der Sonne voll ausgereift sein. Dann lebt in ihnen ein Wärmeelement. Die Marktware ist oft auch deshalb so schlecht in ihrer Wärmequalität, weil die Früchte zu wenig ausgereift sind. Wärme wirkt anfeuernd auf den Willen. Ich wies schon bei der Skizzierung des Hafers darauf hin. – In Zusammenhang mit der Wärme ist auch die Fettqualität zu sehen.

Wie das Licht so hat auch die Wärme eine physische und eine geistig-seelische Dimension. Die Begeisterung, die sich in der Jugend an den großen menschheitlichen Idealen entzündet, braucht in diesem Sinne auch die Stütze physischer Wärme im Stoffwechsel und eine entsprechende Ernährung.

Die Menschen leiden heute vielfach an Haltungsschwäche. Man findet selten einen Jugendlichen mit völlig intakter Wirbelsäule. Dabei brauchen wir in unserer Zeit so nötig Menschen mit Rückgrat. Zur Anregung der organischen Grundlage mit Stabilisierung der

Wirbelsäule und Bänder ist die Getreidekost, besonders der Roggen, geeignet. Der Roggen fordert den Einsatz von Verdauungskräften. Das ruft Kräfte wach im Sinne des alten Weisheitswortes: Am Widerstand gewinne!

Man hört oft die Meinung, der junge Mensch brauche zur Anregung seiner Kräfte die Fleischnahrung. Das ist ein vollkommener Irrtum. Was im Fleisch anregend wirkt, ist die beim Abbau entstehende Harnsäure. Diese wirkt antreibend, ähnlich wie Coffein. Aber die Anregung ist keine echte Kraftzunahme. Problematisch für den jungen Menschen ist die Aufpeitschung des Trieblebens durch das Fleisch. Dieses macht oft dem jungen Menschen in der Reifezeit zu schaffen. Ich habe in einem Heilpädagogischen Heim mit Jünglingen gearbeitet. Sie hatten schon deshalb, weil ihr Ich nicht ganz da war, sehr mit der Beherrschung ihres Trieblebens zu tun. Der «Normale» kann das ja immer noch leichter zügeln. Das ist in den Heimen ein sehr ernstes Problem. Als man aber das Fleisch wegließ und das formende Element des Getreides wirkte, wurden die Zöglinge besser mit ihrem Triebleben fertig. Man sah ihnen das an, sie waren vielleicht etwas hager, aber geformter und kerngesund. Außerdem stimmt es nicht, daß der junge Mensch ohne Fleisch nicht voll leistungsfähig sei. Er braucht eine kräftige Kost mit Vollgetreide, Milchprodukten, Früchten und hochwertigen Fetten. Der Bauer aß früher des Morgens seinen «schwarzen Brei» aus Roggen und konnte stundenlang schwerste Arbeit leisten. Fleisch gab es früher auf dem Lande nur selten. – Auf eine weitere Gefahr der Fleischernährung ist in diesem Zusammenhang hinzuweisen: die Akzeleration, das heißt die zu frühe Reife verbunden mit gesteigertem Längenwachstum. Die Ursachen dieser bedrohlichen Zeiterscheinung sind vielfältig. Von Seiten der Ernährung spielen zu hohe Eiweißgaben durch Fleischgenuß eine wesentliche Rolle.

Die Ausbildung der Stoffwechselorgane, zu denen ja auch die Fortpflanzungsorgane zu rechnen sind, vollzieht sich vor allem in der Pubertät, wie Atmung und Herz-Kreislauf den Schwerpunkt ihrer Ausformung in der Lebenszeit zwischen 7 und 14 Jahren haben. In der Pubertät gründet sich, wie schon beschrieben, der Wille. Die

Persönlichkeit findet sich und drückt sich vorwiegend in Haltung, Gang, Denkungsart und Sprache aus. Die individuelle Stimme entwickelt sich beim Jüngling durch den Stimmbruch. Viel Altes muß hinweggeschafft werden, Neues gilt es zu ergreifen. Was auf seelischem Felde geleistet wird, hat seine Entsprechung im Ausbau und Umbau des Leibeshauses. Und oft hat man den Eindruck: Der junge Mensch will mit der Außenwelt nichts zu tun haben und hängt ein Schild heraus: «Wegen Bauarbeiten geschlossen».

Bei all dem kann Ernährung eine Hilfe sein. Derartige Hilfen braucht der Mensch in dieser Phase. Denn er schwebt oftmals in der Gefahr, bei der Suche nach neuen Inhalten den Zusammenhang mit der Ordnung des Elternhauses und der Schule zu verlieren und aus der oft mit Recht kritisierten Gesellschaft auszusteigen. Wenn dann eines Tages der Einstieg mit neuen Willensimpulsen gelingt, ist meist auch ein neues Ernährungsbewußtsein erwacht. Die jungen Menschen entdecken die Getreidekost und deren heilsame Wirkung. Das führt zu einer selbständigen Willensbildung und ist vielleicht eine der wesentlichsten Folgen einer den Jugendlichen gemäßen Ernährung.

Fragen von Schüler-Eltern

1. Wie beurteilen Sie den Unterschied zwischen biologischem und biologisch-dynamischem Anbau?[7]

Die biologisch-dynamische Wirtschaftsweise wurde 1924 begründet. Sie geht auf den *Landwirtschaftlichen Kursus*[8] zurück, den Rudolf Steiner damals in Koberwitz bei Breslau hielt. Am Anfang sprach man einfach von «biologischer Düngung». Bald kamen aber die im neubegründeten Versuchsring mitwirkenden Landwirte zu der Erkenntnis, daß die Angaben und Anregungen von Rudolf Steiner sich nicht nur auf die Düngung beziehen, sondern den Bauernhof oder die Gärtnerei in ihrer Gesamtheit beeinflussen. Die Maßnahmen, welche dabei ergriffen werden, haben eine biologische und eine dynamische Seite. Um beides zum Ausdruck zu bringen, wurde die Doppelbezeichnung gewählt. Da wirtschaftliche Maßnahmen bei der Durchführung damit verknüpft sind und der ganze Betrieb erfaßt wird, wurde das als «Wirtschaftsweise» bezeichnet, was neu in die Bewirtschaftungsart einer Landwirtschaft oder Gärtnerei einfließen konnte. So wurde «Biologisch-Dynamische Wirtschaftsweise» der Eigenname für die Bestrebungen, die vom Kursus Rudolf Steiners ausgingen. Die Bezeichnung wurde auch zum Unterschied zu anderen Methoden gewählt, die fragliche Mittel einsetzen.
Da das Biologische und das Dynamische in der Natur ständig ineinander übergehen und zusammenfließen, ist in der täglichen Praxis eine scharfe Trennung zwischen beiden Bereichen nicht möglich. Und dennoch gilt es immer wieder, sie voneinander zu unterscheiden. Einige Beispiele sollen das verdeutlichen. Wenn wir eine inten-

sive Pflege der organischen Stoffe im eigenen Garten betreiben, so fördern wir die Grundlagen zur Erhaltung des Lebens. Dieses Vorgehen kann als «biologisch» angesehen werden. Verwendet man dabei aber Mist- oder Kompostmieten und finden auch noch bestimmte Kompost-Präparate Verwendung, so darf man von Maßnahmen zur Verstärkung der «Dynamik» sprechen. Düngen wir unser Land mit organischen Stoffen, so ist das ein durchaus «biologischer» Vorgang. Kommt jedoch dazu noch die Verwendung des Hornmistpräparates, so regen wir damit ganz andere, zusätzliche Kräftewirksamkeiten an und dürfen wiederum von «Dynamik» sprechen.

Werden in einem landwirtschaftlichen oder gärtnerischen Betrieb möglichst wenig Stoffe von außen zugekauft, erreichen wir einen innerbetrieblichen Kreislauf, so ist derselbe als «biologisch» anzusprechen. Wird durch alle diese Maßnahmen deutlich, daß sich der Boden leichter bearbeiten läßt, die Anfälligkeiten gegenüber vielerlei Krankheiten deutlich zurückgehen, man den Eindruck gewinnt, daß die ganzen Lebensprozesse gestärkt worden sind, so kann man schon von «dynamischen» Wirkungen sprechen.

Werden Leguminosen und andere Pflanzen (Senf etc.) zum Zwecke der Gründüngung ausgebracht, so ist das eine rein «biologische» Maßnahme. Bemüht man sich um eine vielgliedrige Fruchtfolge und unterscheidet dabei zwischen Wurzel-, Blatt- oder Blüten- und Samenfrüchten, so kommt dabei etwas von jener «Dynamik» zum Vorschein, die infolge der derzeit üblichen Bewirtschaftung meist verloren geht.

Gute Bodenbearbeitungsmaßnahmen, die zu einer regeren Tätigkeit von Flora und Fauna führen, sind als «biologisch» richtig und sinnvoll zu bezeichnen. Wird es auf diese Weise möglich, den Umweltkräften, wie sie zum Beispiel im Saat-Kalender[9] von Maria Thun ihren Niederschlag finden, verstärkt Zugang zu verschaffen, dann ist bereits ein «dynamisches» Geschehen wahrnehmbar. Die Produkte der biologisch-dynamischen Wirtschaftsweise sind unter dem Schutznamen «Demeter» im Handel.

Zum Abschluß noch der Hinweis auf eine große zeitgemäße Aufgabe. Der vielerorts verdorbenen oder stark belasteten Natur ist durch bewußte Förderung der Dynamik zu helfen. Nur auf diesem Wege ist ein wirksamer Umweltschutz möglich.

2. Inwiefern wirkt eine Rohkost anders als gekochte Kost?

Eine Antwort auf diese Frage soll aus geisteswissenschaftlicher Sicht gegeben werden. Beim Verzehr von Rohkost muß der Mensch einen erhöhten Einsatz von Verdauungskraft leisten im Vergleich zur gekochten Kost. Denn Verdauung geschieht stets in der Wärme und kommt einem Kochen gleich. Da dieses bei der gekochten Kost dem Menschen schon vorher abgenommen wird, braucht er bei der Verdauung weniger Arbeit zu leisten. Die erhöhte Aktivität, die beim Verzehr von Rohkost gefordert wird, regt ein Kräftewirken an, das zur Peripherie des Organismus, zur Haut, den Sinnen und dem Nervensystem gerichtet ist oder, wie Rudolf Steiner es ausdrückt, das Blut veranlaßt, zur Peripherie seine ernährende Kraft zu senden. Es wurden hierbei zwei Bereiche im Organismus unterschieden: Ein zentraler Bereich, in dem das Ich des Menschen ganz in der Blutwärme inkarniert ist, abgeschlossen und herausgelöst aus der Umwelt, und jene andere Region, in der sich der Mensch in der Peripherie durch Haut und Nerven-Sinnessystem der Außenwelt zuwendet.

Ein interessantes Wechselspiel: Die Nahrung wird von der Außenwelt hereingenommen und muß im Verdauungstrakt zunächst als ein Fremdes abgebaut werden, ehe sie in den Innenbereich des Organismus gelangt. Durch die erhöhte Forderung von Überwindungskraft bei der Rohkost wird der Organismus zur Peripherie hin aktiviert. Was an der unteren Grenze zur Außenwelt im Verdauungstrakt gefordert und aktiviert wird, schwingt nun auf der anderen Seite zur Peripherie aus. Dadurch erhält die Rohkost den Charakter einer ausgesprochenen Heilkost. Hautkrankheiten reagieren sehr günstig auf Rohkost. Bei Patienten, die eine Zeitlang Rohkost erhalten haben, wird die Haut lebendiger, besser durchblutet und beginnt gleichsam «von innen heraus zu strahlen». So drückte es einmal ein bedeutender Spezialist aus. Leichte Unreinigkeiten, zu trockene oder zu fettige Haut, falsche Durchblutung oder schlechte Sekretionen bei Ekzemen lassen sich durch Rohkost regulieren. Rohkost hat sich ferner bei Rheuma und Gicht bewährt sowie bei Schwäche des Nerven-Sinnessystems. Dabei spielt eine wesentliche Rolle die Anregung von Kieselprozessen mit ihrer Formkraft. Auch zur Entlastung des zentralen Kreislaufs, bei Herzstörungen und zu hohem Blutdruck ist Rohkost angezeigt. Durch sie wird die Peripherie des Organismus besser durchblutet. Rohkost ist also eine Maßnahme von ausgesprochen therapeutischem Wert. Aber damit wirkt sie einseitig und ist im allgemeinen weniger zur Dauerkost geeignet. Wir hatten ja den peripheren und zentralen Teil des Organismus unterschieden. Letzterer bleibt bei reiner Rohkost auf längere Sicht gesehen oft unterversorgt, da die Kräfte zur Peripherie stömen. Das führt zu einer Überforderung der inneren Wärmebildung und damit zu einer Art Unterkühlung. Die von innen her aufbauenden Funktionen im Verdauungsbereich mit Organen wie Leber, Milz und Bauchspeicheldrüse kommen bei der reinen Rohkost zu kurz. Die sogenannte normale Kost sollte daher neben einem ausreichenden rohen Anteil auch etwas Gekochtes enthalten. Das Garen sollte jedoch sehr behutsam und sachgerecht erfolgen. Bei der alten bürgerlichen Küche wurden die Speisen oft totgekocht.

3. Getreide roh?

Das Getreide kann nur in gekochter Form den Menschen wirklich nähren. Es wird durch den Kochprozeß erst richtig aufgeschlossen, aber keineswegs entwertet. – Sehr beliebt ist ja das Frischkorn-Müsli, bei dem das Getreide abends frisch geschrotet und über Nacht eingeweicht wird. Durch die beschriebene hier besonders starke Aktivierung von Kräften kann eine deutliche Anregung empfunden werden. Das ist jedoch nur für eine gewisse Zeit zu empfehlen. Ich denke jetzt an bestimmte Kinder. Als sie das Müsli eine Zeit gegessen hat, fingen sie an zu kümmern und froren. Dann hat man das Getreide wieder gekocht, da ging es ihnen wieder gut. Sie waren also überfordert gewesen, weil sie das rohe Getreide nicht mehr recht abbauen und durchdringen konnten. Es wurde zuviel Wärme verbraucht.

Eine Erleichterung ist es, das Getreide vor dem Schroten zu darren oder Thermogetreide[10] zu verwenden. Durch den feinen Erwärmungsprozeß sind die Körner der menschlichen Verdauung bis zu einem gewissen Grad entgegengeführt worden und dadurch auch ohne das Kochen leichter verdaulich.

4. Gekeimtes Getreide

Das gereifte Korn ist das Urbild eines Nahrungsmittels. Es enthält, wie geschildert, alle Nährqualitäten in günstiger Zusammensetzung. Durch das Keimen wird eine grundsätzliche Umbildung der Kräfte und Substanzen im Korn bewirkt. Jetzt geht es um die Entwicklung der neuen Pflanze. Freilich sind Enzyme und Vitamine angereichert, aber nicht mehr in der Weise wie im ruhenden Korn. Das Urbild eines Nahrungsmittels ist verlassen. Dadurch ist die Wirkung im Menschen einseitig ausgerichtet. Mit Keimdiät können wir bei einem Kranken und Schwachen Aufbaukräfte anregen, doch kann diese Anregung bei einem Patienten mit Wucherungstendenzen vielleicht zu viel sein.

5. Wie sollen wir das Getreide zubereiten?

Stets weichen wir das Getreide ein, lassen es vorquellen. Das Wasserverhältnis wechselt je nach Getreideart und Wasserhärte zwischen 1:2 und 1:3. Die Einweichdauer beträgt im allgemeinen zwischen 3 und 10 Stunden. Beim Vorquellen bildet sich ein Ferment, die Phytase. Diese löst das Phytin auf, eine Substanz im Getreide, die Eisen und Magnesium bindet und dadurch an der Resorption hindert. Die Phytase bildet sich in den ersten drei Stunden des Einweichens. Bei einem längeren Einweichen als 12 Stunden kann das Getreide in einen Keimzustand übergehen. In vielen Fällen empfiehlt es sich, das Getreide zu schroten. Der Schrot soll frisch gemahlen sein. Daher raten wir zur Anschaffung einer Haushaltsmühle. Es sind viele gute Modelle auf dem Markt. Sie können sich von unserem Arbeitskreis beraten lassen. (Siehe Liste Seite 55f.)

Nach dem Einweichen wird das Getreide bei milder Hitze im Einweichwasser gegart. Gardauer je nachdem, ob ganze Körner oder Schrot verwendet werden, 20 Minuten bis 1 Stunde. Anschließend lassen wir das Getreide nachquellen in einer Kochkiste oder am warmen Ort. Eine gute Methode, das Getreide leichter bekömmlich zu machen, ist das Darren. Dazu breiten wir die Körner auf einem Backblech flach aus und darren bei einer Temperatur von 60–80 Grad etwa 30–60 Minuten. Das Darren bietet den Vorteil, daß die Körner einen herzhaften würzigen Geschmack annehmen, leichter verdaulich und als Mahlprodukt haltbar sind.

6. Welchen Einfluß haben verschiedene Garmethoden auf die Qualität des Gemüses?

Wir haben in unserem Arbeitskreis den Dampfdrucktopf (Marke Fissler vitavit), den Stapeltopf (Perfecto-Turmdünster, Rello Gerätebau), den Doufeu-Topf (Doufeu orange – Diätkochtopf – Le Creuset) und einen einfachen Edelstahltopf untersucht. Dabei wurden dem Angebot der Jahreszeit entsprechend Rote Beete, Spinat und Blumenkohl in den verschiedenen Töpfen gegart. Als Parameter wurden die Steigbildmethode, sensorische Prüfung und Analyse (Mineralstoffgehalt) herangezogen. Dabei schnitt die Garung mit dem Dampfdrucktopf am schlechtesten ab. Durch dieses Urteil werden die Ergebnisse des Instituts für Ernährungsforschung Rüschlikon/Zürich[11] bestätigt, die die Qualitätsverschlechterung auf den Überdruck im Topf zurückführten. Hierdurch entstehen Temperaturen über 100°C, die einen negativen Einfluß vermuten lassen, welcher die Bildekräfte schädigt. Durch den Überdruck wird auch die Zellstruktur stark in Mitleidenschaft gezogen. Die sehr kurzen Garzeiten können diese nachteiligen Wirkungen nicht wettmachen.

Die beiden anderen Diätkochtöpfe bewirken trotz erheblich verlängerter Garzeiten nur eine geringe Auslaugung und eine gute Erhaltung der Bildekräfte. Nach der Beurteilung durch das Steigbild werden sie durch den Garprozeß sogar erst aufgeschlossen, jedenfalls zu einem großen Teil. Die besonders hohe Einstufung des Turmdünsters durch die sensorische Beurteilung ist mit Sicherheit darauf zurückzuführen, daß hier wirklich ein wasserloses Garen möglich war. Beide Töpfe sind insgesamt etwa gleich gut zu beurteilen.

Besonders zu betonen ist, daß die schonende Garung im einfachen Kochtopf keine großen Nachteile gegenüber den beiden positiv bewerteten Diätkochtöpfen zeigt. Hier ist nur wichtig, daß die Auslaugung in das Kochwasser parallel mit der Garzeit ansteigt. Da die Anwendung der kleinen Diätkochtöpfe in der Großküche oft erhebliche Schwierigkeiten bringt, kann man hier ruhig auf das einfache Dünsten in wenig Wasser und bei niedrigen Temperaturen zurückgreifen. Die Garzeit sollte aber so kurz wie möglich gehalten werden.

Grundsätzlich hat das Garen, bei dem das Gemüse einem Wärmeprozeß unterworfen wird, einen aufschließenden Einfluß auf die Bildekräftewirkungen. Jedoch reagiert nicht jede Gemüsesorte gleich. Bei den Blattgemüsen, von denen der Spinat hier untersucht wurde, konnte keine Qualitätsverbesserung durch die Zubereitung mit Wärme mehr festgestellt werden.

7. Was sagen Sie dazu, die Kinder ganz ohne Fleisch aufwachsen zu lassen?

Ja, das ist natürlich ein Problem. Wenn in Ihrem Haushalt Männer an Fleisch gewöhnt sind, wird es nicht möglich sein, oder nur selten, dieses in kurzer Zeit wegzulassen. Es ist heute sogar üblich, dem Säugling nach einigen Monaten Fleisch zu geben. Der Nachteil ist, daß die Akzeleration, das heißt die Frühreife, das schnelle Wachstum durch das Fleisch provoziert wird. Man sollte daher vermeiden, dem Kinde in den ersten drei Lebensjahren Fleisch zu geben. Später wird man sich einigen müssen, wenn ein Kind partout nach Fleisch verlangt, ihm ab und zu etwas zu geben.

Man sollte das nicht hart wie ein Diktator handhaben, sondern in freundlicher Einsicht erziehen. Wenn das Kind einen Zwang dahinter endeckt, die Härte, «du darfst nicht», dann sorgt es schon dafür, daß es zum Fleisch kommt. Und das ist oft viel schlimmer, als wenn das zuhause noch in Grenzen gehalten wird. Aber welches Fleisch kaufen wir? Ich erwähne nur das Stichwort «Massentierhaltung». In manchem Bauernhof ist die Massentierhaltung eingeführt, obgleich der Bauer es noch abstreitet. Sie kennen die Problematik: Kraftfutter, Welternährungslage, Zusatzstoffe bei der Fütterung, Tierquälerei. Wenn man den Tatbestand den Kindern erzählt, vielleicht auch den Männern, vergeht ihnen meistens der Appetit, Fleisch zu essen. Denken Sie an so ein armes Schwein in der modernen Aufzucht. Das wird so wenig artgemäß gehalten, daß es von einer Depression in die andere fällt. Nun verwendet man ja heute in den psychiatrischen Kliniken die entsprechenden Antidepressiva, Tranquillizer, und diese gibt man den Schweinen, weil sie in ihrer Seelennot sonst nicht wachsen. Auch kriegen sie Herzmittel, besonders vor dem Transport zum Schlachthof, denn sie dürfen ja nicht sterben, ehe sie geschlachtet werden. Das wäre ein wirtschaftlicher Ausfall. Der Fleischesser hütet sich natürlich, den Dingen auf den Grund zu gehen; dann käme er nämlich bald dahinter, daß er kein Fleisch mehr mag. Das bleibt gar nicht aus. Wer sich intensiv mit der Fleischherstellung beschäftigt, der wird prompt zum Vegetarier.

Auch beim Fisch stellt sich die Frage nach der Qualität. Die Fischfütterung spielt dabei eine große Rolle, und bei Seefisch muß man an die Verschmutzung der Meere denken. Außerdem bekommt man vorwiegend nur tiefgekühlten Fisch, was schon eine Denaturierung des Eiweißes bedeutet. Es ist sicher ratsam, nur ab und zu Fisch zu essen.

8. Welche Grundsätze gelten für eine Umstellung auf Vollwertkost? Wie können Beschwerden vermieden werden?

Es wird oftmals geklagt, daß nach der Umstellung auf eine Vollwerternährung Beschwerden wie Völlegefühl und Blähungen auftreten. Das ist in den meisten Fällen zu vermeiden. Eine Vollwertkost muß nicht schwer verdaulich sein. Bei sorgfältiger Zubereitung mit schrittweisem Einüben der Verdauungsfunktionen werden vollwertige Speisen meist gut vertragen. Wenn man weiße Nudeln wählt, braucht man schon eine ordentliche Portion, um satt zu werden. Man gewöhnt sich an dieses Quantum. Wenn man dann von Vollkornnudeln die gleiche Menge ißt, treten leicht Beschwerden auf. Darum ist es wichtig, daß man sich auf kleine Mengen beschränkt, zumal bei einer vollwertigen Kost mit weniger auszukommen ist. Der Körper stellt sich nicht nur auf das kleinere Volumen ein, er wird auch auf die Qualität reagieren. Allerdings bedarf die vollwertige Nahrung eines gründlicheren Kauens als die raffinierte Speise. Schließlich ist darauf hinzuweisen, daß ein Vollkornprodukt oft dann schwer vertragen wird, wenn gleichzeitig am Tage noch Zucker und andere denaturierte Nahrungsmittel gegessen werden.

Als Richtlinien für die Durchführung einer Vollwertkost kann vielleicht ein Menüplan für den Tag dienen. Ich mache Ihnen hier einen Vorschlag, den Sie nach Ihrem eigenen Geschmack vielfältig abwandeln können.

Menüplan für den Tag

Zum *Frühstück* bieten sich mehrere Möglichkeiten an:

Brot, Butter, Käse, Quark oder süßer Belag wie Honig, Sirup, Malzextrakt, verschiedene selbst hergerichtete Brotaufstriche süß oder pikant. Getränke: Milch mit Früchtekaffee, Hafer-Nährtrunk, Kräutertee.

Müsli mit Früchten der Jahreszeit, insbesondere Äpfel, Honig, Milch, Nüsse.

Schrotbrei mit Früchten, Honig oder Fruchtkonzentraten, Sirup, Nüsse, Milch evtl. Sauermilch (nach dem Kochen beigeben).

Mittag: Evtl. kleine Menge einer leichten Suppe oder Gemüsebrühe (zur Erwärmung und Anregung);

Rohkost;

Getreidegericht, Gemüse, evtl. Sauce, Kräuterquark oder statt Gemüse Früchte;

evtl. Nachspeise (Quark, Früchte etc.).

Wenn das Kind abgekämpft und mit viel Durst nach Hause kommt, empfiehlt es sich, vor dem Essen eine kurze Ruhepause einzulegen. Nicht größere Mengen trinken lassen, stattdessen ein Cocktail, mit leicht saurer oder bitterer Note: vielleicht Zugabe von Grapefruit, frisch gepreßt, eine Spur Ingwer oder ähnliches, je nach Geschmackslage.

Abendessen: Zur Wahl: leichter Getreideschrotbrei oder Suppe;

süßer Auflauf;

Sauermilch, Buttermilch, Yoghurt;

Salat;

Brot mit Aufstrich, Kräutertee.

Zum *Durstlöschen* und als *Getränke* über Tag sind geeignet: Barley-Water (Gerstenabkochung mit Zusatz nach dem Kochen von Apfelsaft oder ähnlichem, Honig, Spur Ingwer). – Molke, Buttermilch, Gemüsebrühe, Kräutertee. Keinesfalls Coca Cola, Pepsi Cola, Fanta oder ähnliches, da diese Erzeugnisse übersüßt und mit wenig erfreulichen Zusätzen versehen sind. – Milch ist ein Nahrungsmittel und nicht zum Durstlöschen geeignet.

Zwischenmahlzeiten: Knäckebrot mit Butter,
Vollkorngebäcke, Sauermilchprodukte,
Fruchtsäfte, Obst oder Tee.

Schulbrot: Vollkronbrot mit Butter,
dazu eine Möhre oder Apfel – anderes Obst der Jahreszeit oder Rettich etc.

9. Ist das Einfrieren der Nahrungsmittel zu empfehlen?

Diese Konservierungsmethode hat in den letzten Jahren alle anderen üblichen Verfahren stark verdrängt. Man kann Tiefkühlprodukte in jedem Supermarkt in großer Auswahl finden, und viele modernen Haushalte haben eine Gefriertruhe. Das Tiefkühlen wurde wohl in erster Linie deshalb so populär, weil es von allen Konservierungsmethoden der Hausfrau am wenigsten Arbeit macht. Es muß jedoch dagegen gestellt werden, daß diese Methode auch mit Abstand die teuerste ist und nach unseren Erfahrungen die Bildekräfte am stärksten beeinträchtigt. Mit anderen Worten: die Produkte am stärksten denaturiert.

Als Tiefkühlen bezeichnet man die Lagerung von Lebensmitteln bei Temperaturen von mindestens −18 bis −20°C. Hierbei wird jedoch weder die Tätigkeit von Mikroorganismen, noch die Aktivität lebensmitteleigener Enzyme vollständig unterbunden. Alle diese Vorgänge laufen nur sehr stark verlangsamt ab und erreichen eine vielfache Intensität, wenn das Gefriergut wieder wärmeren Temperaturen ausgesetzt wird und auftaut. Es zerfällt dann sehr rasch in seiner inneren und äußeren Struktur, da durch das Gefrieren auch der Zellverband mürbe und weicher wird. Der innere Zerfall ist gut im Steigbild wahrzunehmen.

Es reicht meist nicht aus, das Tiefkühlgut in rohem Zustand einzufrieren. Darum wird das Blanchieren bei vielen Gemüsen empfohlen, um die Enzymaktivität zu verhindern. Weiterhin sind folgende Richtlinien unbedingt zu beachten: Das Einfrieren wie das Auftauen der Nahrungsmittel sollte möglichst rasch erfolgen. Die «Kühlkette» darf auf keinen Fall unterbrochen werden, d. h. die Temperatur von höchstens −18° C muß auch beim Transport aufrechterhalten werden, wenn das Gefriergut nicht gleich verbraucht wird. Auf die Lagertemperatur wird sowohl im Haushalt als auch in den Verkaufsräumen viel zu wenig Wert gelegt. Sie spielt jedoch im Hinblick auf die Qualitätsbeeinflussung eine wesentliche Rolle. Eine Stichprobenuntersuchung in Lebensmittelgeschäften ergab, daß fast nirgends in den Kühltruhen die vorgeschriebene Lagertemperatur für Tiefkühlprodukte gewahrt blieb.

Lebensmittel aus der Tiefkühltruhe haben, sofern sie nicht schon vorgekocht sind, eine kürzere Garzeit als das entsprechende Frischprodukt. Alle Nahrungsmittel sollten aber möglichst nach der Gefrierlagerung erhitzt werden. Dies sind neue Forschungsergebnisse von Wissenschaftlern, die gesundheitliche Schäden durch nicht erhitzte Tiefkühlprodukte befürchten. Also Probleme über Probleme.

10. Was ist zu anderen Konservierungsmethoden zu sagen?

Man kann nicht generell nur eine bestimmte Methode empfehlen. Es zeigte sich, daß sehr wasserreiche und mürbe, zarte Produkte durch die Methode des Trocknens besser konserviert werden als mit Einkochen. Hierzu sind besonders Zwetschgen, Äpfel, Aprikosen zu zählen. Dagegen haben kräftige Wurzelgemüse, wie z. B. Sellerie oder grüne Bohnen eingekocht eine gute Qualität.

Einen sehr werterhaltenden, ja veredelnden Einfluß auf das Produkt hat die milchsauere Gärung. Kohlarten, Bohnen, Möhren, Randen und andere Gemüsearten sind dazu geeignet.

11. Wie können wir Marmelade ohne Zucker einmachen?

Ein Fruchtmus läßt sich ohne Zuckerzusatz herstellen. Wenn eine zusätzliche süße Komponente gewünscht wird, empfiehlt sich ein Zusatz von Sirup, Dicksaft, Honig oder Sucanat. Zur Bereitung von Marmelade wird meist viel zu viel Zucker verwendet. Die gebräuchlichen 60% sind erheblich zu hoch gegriffen. Man kann auch mit Honig Marmelade herstellen, es muß nur lange genug gerührt werden. Wer Näheres zu diesem Problem wissen möchte, kann sich bei unserem Arbeitskreis ein Merkblatt anfordern.

12. Das Zuckerproblem macht mir Sorgen, weil das Enkelkind nach Zucker verlangt, extrem viel.

Ich möchte da unterscheiden zwischen Zucker und dem Süßen. Ich glaube, daß ein Kind mit Berechtigung oft das Süße verlangt zur Tätigkeit der Organe und des Seelenlebens. Das sollte man ihm darum geben, aber nicht in Form der vielen Erzeugnisse aus weißem Zucker. Das Süßigkeitenschlecken kann eine ungute Angewohnheit werden. Vielleicht wird eine Mutter herausfinden, ob ein echtes Bedürfnis nach Süßem besteht oder ob es bloß eine Spielerei ist.

Es gibt ja viele Möglichkeiten, das Kind mit Süßem zu versorgen, ohne es zu schädigen. Da gibt es zum Süßen der Speisen das Sucanat, einen vollwertigen Extrakt aus dem Zuckerrohr, entwickelt durch den Schweizer Kinderarzt Dr. Beguin. Es gibt dann noch Birnendicksaft, Apfeldicksaft, Datteldicksaft, Rübensirup, Ahornsirup, Malzextrakt, alles Süßungsmittel, die man durchaus empfehlen kann. Honig nicht zu vergessen. Wenn wir allerdings an die Zahnkaries denken, müssen wir einen Süßigkeitsgehalt über 20% vermeiden. Dann muß man die Zähne putzen.

13. Wie ist die Qualität des Honigs zu bewerten? Wie steht es mit dem Zufüttern der Bienen mit Zucker?

In unseren Breiten müssen die Bienen im Winter meist eine zusätzliche Fütterung mit Zucker erhalten. Aber während der Tracht ist das streng verboten.

Honig ist ein hochempfindliches Lebensmittel, ja Heilmittel, das nicht mit wenigen Begriffen in seiner Qualität bestimmt werden kann. Der Honig zeigt sich immer wieder anders in seiner Lebendigkeit. So muß der Verbraucher zur Qualitätsbestimmung eine besondere Geschmacksempfindung entwickeln.

Honig muß aromatisch sein, nicht zu süß.

Es besteht ein genereller Unterschied zwischen Blüten- und Waldhonig. Waldhonig gewinnen die Bienen aus einem Blattsaft von Nadelbäumen, der durch den Körper von bestimmten Läusen gegangen ist. Er kristallisiert nur schwer aus und enthält mehr Wasser. Blütenhonig kristallisiert nach drei Wochen, dabei muß er völlig gleichmäßige Kristalle bilden.

Verfälschungen wie unerlaubte Mischungen sind nur äußerst schwer zu bestimmen. Es wurden dazu recht komplizierte chemische Methoden entwickelt.

Der Deutsche und der Schweizer Imkerverband haben strenge Auflagen für die Reinerhaltung des Honigs entwickelt und führen die Überwachung bis in die Läden hinein durch.

Zum Abschluß: Wie essen wir?

Nach der Auseinandersetzung mit dem, was die Kinder essen, soll die Aufmerksamkeit noch auf das Problem gelenkt werden, wie die Kinder, wie wir essen. In welcher Stimmung gehen wir an das Essen heran? Da sollten wir uns zunächst einmal fragen: Was ist es denn, was mich ernährt? Woher hat das, was auf dem Teller liegt, die Kraft, die meinen Leib aufbauen, Funktionen anregen will, so daß ich als geistig-seelischer Mensch in diesem Leibe wirken kann. Was ist denn das? Nun, die Antwort ist leicht. Es ist das Leben, ein «Lebensmittel». An das Tote in der Nahrung wendet man sich nicht, sondern an das Lebende. Was aber ist Leben? Die heutige Naturwissenschaft klammert den Begriff Leben aus. Die Biologie sieht es nicht als ihre Aufgabe an, das Leben zu erforschen. Und sie hat völlig recht, denn die Methode der Naturwissenschaft ist nicht in der Lage, das Leben als ein geistiges Prinzip zu erfassen. Dieser Bereich wird von ihr als Mystik abgetan. Die Anthroposophie versucht aber gerade die Wissenschaft vom Lebendigen zu entwickeln. Es ist ihr Anliegen, die Grenzen des Bewußtseins zu erweitern und geistige Organe zu bilden, die sich in bewußte Beziehung zu dem Leben da draußen zu setzen vermögen. Dazu ist eine bestimmte Seelenhaltung notwendig. Sonst erschließen sich diese Welten nicht. Albert Schweitzer hat etwas sehr Treffendes dazu gesagt: «Wir müssen uns dem Lebendigen nähern in Ehrfurcht.» Die Ehrfurcht vor dem Lebendigen, das muß die Einstimmung sein zum Essen. Die Ehrfurcht vor dem, was da jetzt uns nähren will. Und wieder stellt sich die Frage, woher das Leben kommt, wer das Leben schafft. Nun versteht man, warum die Menschen früher über dem Brot das Kreuz schlugen und die Hände falteten. Heute wird das jeder nach seiner Weise tun, irgendwie sich einstimmen auf das, was beim Essen und Trinken geschehen muß. Und das sollten die Kinder merken, sollten sie spüren. Die Kinder sind sehr aufmerksam gegenüber allem Unechten. Wenn einer irgendwie ein Gebet spricht und da nicht wiklich innerlich beteiligt ist, dann lehnen sie das radikal ab. Mit Recht. Wir leben heute in einer Zeit, wo die alten Sitten und Gebräuche, ja auch die Tischgebete ganz neu erfühlt werden müssen.

Das hat nicht nur eine mystische, eine religiöse Bedeutung, sondern das hat auch eine rein ernährungsphysiologische Bedeutung. Denn mit einer solchen inneren Verbindung zu dem Wesen der Nahrung kann mich das Nahrungsmittel in einer ganz anderen Weise nähren als ohne diese.

Einen erschütternden Beleg für diese Tatsache finden wir in dem Kapitel «Brot» des Buches von Fred Wander «Der siebente Brunnen».[12] Der Autor schildert in ergreifender Weise seine Erlebnisse als Häftling im Konzentrationslager Buchenwald. Es gab dort eine kleine Hungerration von Brot. Eine Gruppe der Eingekerkerten konnte sich nur dadurch am Leben erhalten, daß sie das zugeteilte Brot in einer besonderen Stimmung verzehrte. Fred Wander schreibt darüber: «Um Brot zu essen, benötigst du ein kleines Brett aus frischem Holz. Du kannst dir ein solches Brett überall beschaffen. Holz ist der Wald, die grüne Lichtung, das Dickicht. Es ist das Haus, Geborgenheit, Behagen. ‹Das Verlorene›. Leg es auf die Erde, das Brett, auf die Pritsche, auf deine Knie, und du hast einen sauberen Tisch, bist zu Hause, bei dir. Und nun das Brot: Teile es in drei dicke Scheiben, die Scheiben in Würfel. Kaue jeden Würfel lange und sorgfältig. Schmecke das Korn darin, den Regen, den Sturm. Laß den Geschmack der Sonne auf der Zunge zergehen ... Die meisten Häftlinge essen das Brot sofort. Sie reißen es mit den Händen in Stücke und verschlingen diese mit der Gier tödlicher Erschöpfung. Außerdem kann es einem nicht mehr geraubt werden.»

Fred Wander beschreibt weiter, wie die kleine Gruppe, die sich bewußt der Nahrungsaufnahme zuwendet, ihr Leben erhalten kann. Ein sehr kräftiger und starker Häftling macht sich allerdings über die

Zeremonie lustig. Er reißt sein Brot in Stücke und stopft sich den Mund voll, wenigstens einmal am Tage. Als er freilich ein Jahr später seine Kräfte schwinden spürt, entdeckt er die Bedeutung, in einer gewissen andachtsvollen Stimmung das Brot zu verzehren: «Schmecke das Korn darin, den Regen, den Sturm. Laß den Geschmack der Sonne auf der Zunge zergehen.»

Von einem Erlebnis während einer schweren Hungersnot in Peking berichtet Jean Gebser in seiner «Asienfibel».[13] Er erzählt von einer Frau, die am Straßenrand sitzt und Reiskörner zu sich nimmt. In jenen Tagen mußten ältere Frauen mit etwa zwei Handvoll Reis in der Woche auskommen: «Ich weiß nicht, wie ich dazu kam, jene Frau überhaupt zu sehen. Sie saß am Rande des Bürgersteigs, unauffällig, eher zierlich, und in sich selber versammelt. Sie hatte eine kleine Bluse an, die braun-gelb gemustert war, und trug schwarze Hosen. Sie war wohl gegen sechzig Jahre alt; ihr Haar begann schon zu ergrauen. Sie mußte einmal sehr schön gewesen sein und war es noch heute, selbst jetzt, da das ganze Antlitz von Hunderten von Falten durchkerbt war, Kerben, die Tausende ungeweinter und geweinter Tränen als Rinnsale in ihre Züge eingegraben hatten: eine Landschaft des Leides. Dieses Antlitz war erschütternd, weil in ihm keine Qual noch Bitternis waren. Sie aß. Es war die Art, wie sie aß, die mich derart beeindruckte, daß ich gebannt stehenblieb. Sie hatte die linke Hand halb, wie eine Schale, geöffnet, darin einige Reiskörner lagen. Mit Daumen und Zeigefinger der rechten Hand nahm sie vorsichtig eines der Reiskörner, führte es langsam zum Mund und zerkaute es; das dauerte fast eine Ewigkeit; dann kam bedächtig, ruhig und langsam das nächste Reiskorn an die Reihe. Sie saß dort, ganz den Reiskörnern hingegeben, und bemerkte nichts von alledem, was um sie herum geschah. Auch mich sah sie nicht, obwohl ich sie doch schon ziemlich lange anblickte. Ich wollte gehen, ich kam mir, wie ich dort stand, unfair und indiskret vor; andererseits konnte ich mich von diesem Anblick nicht trennen. Als ich mich dann endlich entschlossen hatte, weiterzugehen, und gerade im Begriff war, mich abzuwenden, sah sie auf und wandte den Kopf langsam in meine Richtung. Jetzt konnte ich ihre Augen sehen, die selber die Umgebung noch nicht wahrnahmen. Ich atmete erleichtert auf, hoffend, ich würde noch unbemerkt davonkommen. Da füllte sich plötzlich ihr Blick mit Gegenwart, und sie begann mich wahrzunehmen. Ich erschrak sehr. Da stand ich, ein weißer Fremder, hatte ein gutes Hemd, eine gute Hose, gute Schuhe an und hatte taktlos auf das Elend wie auf eine Schaustellung geglotzt. Ich erschrak nicht nur, ich schämte mich. Ich lächelte verlegen, versuchte irgendeinen kleinen entschuldigenden Gruß und war durchaus darauf gefaßt, daß sie mir einen zornigen oder beleidigten oder verächtlichen Blick zuwerfen würde. Aber nichts dergleichen geschah; es wurde mir lediglich noch ungemütlicher zumute. Und dann ging ein kleines Lächeln über ihr Gesicht; erst jetzt sah ich, wie sehr vom Hunger es bereits ausgezehrt war. Dann breitete sich dieses Lächeln aus und sprang in ihre Augen, die nunmehr ganz da waren. Sie machte nicht die allergeringste Geste, aber sie schaute mich offen an: ohne Haß, ohne Verachtung, ohne Zorn. Es waren zwei große braune Augen von einer Reinheit und Klarheit, wie hellste Quellen sie haben. Und dann sprang das leise Lächeln mitten aus ihren Augen heraus in die meinen. Es war kein Fragen, keine Verwunderung, kein Vorwurf darin. Es war nur dieser lächelnde Blick ohne Traurigkeit; der lächelnde Blick eines Menschen jenseits von Leid und Neid. Meine Dankbarkeit war groß. Ich hoffe, ich habe ihr durch die Art, wie ich mich Abschied nehmend verbeugte, diese Dankbarkeit und ehrfürchtige Bewunderung zum Ausdruck bringen können.»

Kehren wir, die Betrachtungen abschließend, noch einmal zu unserer Situation in Europa zurück. Hier herrscht ein Luxuskonsum, die Menschen essen zumeist mehr, als ihr Organismus braucht und vertragen kann. Das widerspricht einer geistigen Ordnung und ist im Hinblick auf die Hungernden in der Welt moralisch anfechtbar. Freilich sollen wir mit Lust und Appetit essen, aber es gilt heute mehr denn je, die Ernährung in das geistige Leben einzubeziehen und sich nicht von Triebhaftigkeit und Begierde bestimmen zu lassen. Hier darf vielleicht an die viel beschworene Menschenwürde erinnert werden.

Was ist der tiefste Sinn der Ernährung?

Wohl dieser: Den Leib zu pflegen als ein Instrument für Geist und Seele. Oder, um ein Bild der mittelalterlichen Mystiker zu brauchen: einen Dienst zu leisten am Tempel Gottes. Bedenken und gestalten wir in diesem Sinne die Ernährung unserer Schulkinder.

Anmerkungen

Rudolf Steiner, Die gesunde Entwicklung des Leiblich-Physischen als Grundlage der freien Entfaltung des Seelisch-Geistigen (Weihnachtskurs für Lehrer). Dornach 1921/22. 4. Aufl. Dornach 1978. GA 303.

2 Werner Kollath, Getreide und Mensch. Eine Lebensgemeinschaft. 3. Aufl. Bad Homburg 1980.

3 Die Zeichnung ist genommen aus: Udo Renzenbrink, Die sieben Getreide. Nahrung für den Menschen. Dornach 1981.

4 Vortrag vom 21.7.1924. In: Rudolf Steiner, Anthroposophische Menschenerkenntnis und Medizin. Dornach 1971. GA 319, S. 172.

5 Jacques Lusseyran, Das wiedergefundene Licht. 6. Aufl. Stuttgart 1981. Auch als Ullstein Taschenbuch Nr. 39029.

6 In: Rudolf Steiner, Die Schöpfung der Welt und des Menschen. Erdenleben und Sternenwirken. Dornach 1924. 2. Aufl. Dornach 1977. GA 354

7 Die Antwort auf diese Frage ist, gekürzt und leicht abgeändert, den «Demeterblättern» Nr. 29, Frühjahr 1981 entnommen, mit freundlicher Genehmigung von Herrn A. von Wistinghausen (Dipl. Landwirt).

8 Rudolf Steiner, Geisteswissenschaftliche Grundlagen zum Gedeihen der Landwirtschaft. 6. Aufl., Dornach 1979. GA 327.

9 Maria Thun, Aussaattage. Erscheint jährlich im Selbstverlag.

10 Siehe: Udo Renzenbrink, Zeitgemäasse Getreide-Ernährung. 5. Auf., Dornach 1983, S. 14f.

11 J.C. Somogyi, Einfluß der Zubereitungsweise auf den Vitamin-C-Gehalt von Kartoffeln und Gemüse. Ernährungsrundschau 22.

12 Fred Wander, Der siebente Brunnen.

13 Jean Gebser, Asienfibel. Ullsteinbuch Nr. 650. Berlin 1962.

Literaturhinweise

Schriften von Udo Renzenbrink

Ernährungskunde aus anthroposophischer Erkenntnis. Grundfragen – Auswirkungen – Anwendung. Dornach 1979.

Sieben Getreide. Nahrung für den Menschen. 2. Aufl., Dornach 1983

Zeitgemässe Getreide-Ernährung. Rezepte für alle Getreidearten. 5. Aufl., Dornach 1983

Ernährung in der zweiten Lebenshälfte. Stuttgart 1981.

Ernährung unserer Kinder. 5. Aufl., Stuttgart 1983.

Diät bei Krebs. Was tun zur Vorsorge? Arbeitskreis für Ernährungsforschung e.V. Bad Liebenzell/Unterlengenhardt 1982.

Die Sojabohne. Nahrung auch für uns? Arbeitskreis für Ernährungsforschung e.V Bad Liebenzell/Unterlengenhardt 1980.

Ernährungs-Rundbrief. Erscheint viermal im Jahr. Verantwortlicher Redakteur: Dr. med. Renzenbrink.

Handmühlen für Haushalte

	Hersteller	Material des Mahlwerks	Mahlgut alle Getreide Hafer bedingt zusätzlich:	Leistung Weizen fein gr/min min/kg	Bemerkungen	Preis ca. DM
Elsässer Handmühle	A	Stein	–	35/30	horizont. Drehbeweg.	255.—
Messerschmidt Handmühle	B	Stahl	Ölfrüchte	50/20	Trichter Schnecke Gehäuse aus Kunststoff	198.—
Schnitzer Handmühle CH	C	Stein		30/35	Gehäuse aus Kunststoff Tischbefestigung	136.— 40.—
RH		Stein	Mais	30/35	Trichter aus Kunststoff	196.—
OH		Stein	Mais	105/10	Trichter aus Kunststoff Gewicht 6,5	355.—
Luba Handmühle	D	Stahl	Ölfrüchte		Metallgehäuse Saugfuß	94.—
Diamant Handmühle		Stein Stahl	Ölfrucht	120/8	Stahlgehäuse sehr robust mit Motor kombinierbar	420.— 35.—
Jupiter Bio-Mühle	F	Stahl	Ölfrüchte Kaffee	90/25	Metallgehäuse sehr handlich	75.—

Hersteller: A) Otto Hülter-Hassler, 7831 Königschaffhausen
B) W. Messerschmidt, Karlsruher Str. 15, 7730 VS-Villingen
C) Schnitzer KG, Feldbergstraße 11, 7742 St. Georgen
D) Ludwig Bartsch, Promenade 111a, 6380 Bad Homburg v.d.H.
F) Jupiter GmbH, Wiesenstraße 33, 7060 Schorndorf (Stgt.)

Zusammenstellung:
Arbeitskreis für Ernährungsforschung, 7263 Bad Liebenzell, Zwerweg 19

Elektrisch betriebene Getreidemühlen für Haushalte und kleine Gemeinschaftsküchen

Fabrikat	Leistung Weizen fein	Drehzahl U/min	Gewicht kg	geeignet für Personenzahl	Mahlwerkzeug aus	Bemerkungen	Preis ca. DM
Jupiter 872 – Messerschmidt	80 g/min	120	2	1–3	Stahl	Motor auch mit Vorsatz Wolf oder Raffel, gut für Grütze, viel Kunststoff, preiswert	230.—
Bosch Um 4 – Messerschmidt	60 g/min	ca. 100	3,5	1–3	Stahl	Küchenmaschine (rühren, kneten, reiben), gut für Grütze, sehr leises Motorgeräusch, viel Kunststoff	320.—
Bösen oder Revo (baugleich)	100 g/min	560	9,5	3–10	Urgestein + Zement	Gute Handhabung, günstiger Preis, lautes Mahlgeräusch	590.—
HaWo's Kornmühle	150 g/min	1400	15	3–10	Korund + Zement	Holzgehäuse mit Schublade, Motor nicht abgedeckt, Laufzeit max. 20 min., laut	760.—
Elsässer Getreidemühle	180 g/min	2800	14	5–20	Naxos + Zement	Sehr zuverlässig, 5 Jahre Garantie, variabler Einfülltrichter, mahlt sehr fein, recht leise, Luftkühlung und hohe U/min sehr fragwürdig	950.—
Tiroler Getreidemühle	100 g/min	180	23	5–10	Sextner natur	Zirbelkieferholzgehäuse, annehmbares Mahlgeräusch, geringe Erwärmung, schonendste Mahlung, Standort: Fußboden	1900.—
(mit 20 oder 30 cm Stein ∅)	200 g/min	180	45	10–30			2700.—
Salzburger Getreidemühle	130 g/min	1300	10	3–10	Granit natur	Holzgehäuse, geringer Platzbedarf, starke Erwärmung des Mahlgutes, recht laut	1000.—
(Kl. u. gr. Modell)	300 g/min	1400	15,5	5–30		Handantrieb zusätzlich	1400.— 198.—
Schnitzer Getreidemühle	300 g/min	420	30	5–30	Naxos + Zement	Motor nicht abgedeckt, schonende Drehzahl für Mahlgut	1980.—

Überregionale Bezugsadressen: Fachdienst Gesundheit, Schönblickstr. 15a, 7530 Pforzheim 12
Bio + Gartenmarkt Keller, Konradstr. 17, 7800 Freiburg/Breisgau

Zusammenstellung: Arbeitskreis für Ernährungsforschung, 7263 Bad Liebenzell, Zwerweg 19

Ka Jan. 1983